OS GAROTOS DINAMARQUESES QUE DESAFIARAM HITLER

PHILLIP HOOSE

OS GAROTOS DINAMARQUESES QUE DESAFIARAM HITLER

Eles formaram
o **Clube Churchill**
e despertaram a
resistência de toda
uma nação.

TRADUÇÃO DE Elisa Nazarian

VESTÍGIO

Copyright © 2015 Phillip Hoose
Copyright dos mapas © 2015 Jeffrey L. Ward
Copyright da tradução © 2020 Editora Vestígio

Publicado mediante acordo com Farrar Straus Giroux Books for Young Readers, um selo da Macmillan Publishing Group, LLC. Todos os direitos reservados.

Título original: *The Boys Who Challenged Hitler – Knud Pedersen and the Churchill Club*

Todos os direitos reservados pela Editora Vestígio. Nenhuma parte desta publicação poderá ser reproduzida, seja por meios mecânicos, eletrônicos, seja via cópia xerográfica, sem a autorização prévia da Editora.

EDITOR RESPONSÁVEL
Arnaud Vin

EDITOR ASSISTENTE
Eduardo Soares

ASSISTENTE EDITORIAL
Pedro Pinheiro

PREPARAÇÃO
Pedro Pinheiro

REVISÃO
Carla Neves
Júlia Souza

CAPA
Diogo Droschi

DIAGRAMAÇÃO
Guilherme Fagundes

Dados Internacionais de Catalogação na Publicação (CIP)
Câmara Brasileira do Livro, SP, Brasil

Hoose, Phillip M., 1947-

Os garotos dinamarqueses que desafiaram Hitler / Phillip M. Hoose ; tradução de Elisa Nazarian. -- São Paulo : Vestígio, 2020.

Título original: The Boys Who Challenged Hitler – Knud Pedersen and the Churchill Club

ISBN 978-85-54126-53-7

1. Churchill-klubben (Ålborg, Dinamarca) - História 2. Dinamarca - História - Ocupação alemã, 1940-1945 3. Garotos - Atividade política - Dinamarca - Biografia 4. Guerra Mundial, 1939-1945 - Resistência - Dinamarca 5. Hitler, Adolf, 1889-1945 6. Pedersen, Knud, 1925-2014 - Literatura 7. Sabotagem - Dinamarca - História - Século 20 I. Título.

19-28518   CDD-940.5309

Índices para catálogo sistemático:
1. Guerra Mundial, 1939-1945 : História 940.5309

<small>Maria Alice Ferreira - Bibliotecária - CRB-8/7964</small>

A **VESTÍGIO** É UMA EDITORA DO **GRUPO AUTÊNTICA**

São Paulo
Av. Paulista, 2.073 . Conjunto Nacional
Horsa I . 23º andar . Conj. 2310-2312
Cerqueira César . 01311-940 São Paulo . SP
Tel.: (55 11) 3034 4468

Belo Horizonte
Rua Carlos Turner, 420
Silveira . 31140-520
Belo Horizonte . MG
Tel.: (55 31) 3465 4500

www.editoravestigio.com.br

Para os jovens do mundo todo,
que descobrem a coragem de pensar
por si mesmos.

Eigil Astrup-Frederiksen

Uffe Darket

Mogens Fjellerup

Helge Milo

Børge Ollendorff

Jens Pedersen

Knud Pedersen

Mogens Thomsen

Introdução   9

1 OPROP!   15

2 O CLUBE RAF   25

3 O CLUBE CHURCHILL   35

4 APRENDENDO A RESPIRAR   51

5 CHAMAS DA RESISTÊNCIA   57

6 ÀS ARMAS   67

7 CHANTILLY E AÇO   75

8 UMA NOITE SOZINHO   87

9 A OFENSIVA NIBE   95

10 GRANADAS   101

11 SEM VOLTA   107

12 CADEIA KING HANS GADES   115

13 MUROS E JANELAS   129

14 NOVAMENTE À SOLTA?   139

15 PRESÍDIO ESTADUAL DE NYBORG   145

16 PRIMEIRAS HORAS DE LIBERDADE   161

17 MELHOR DO LADO DE DENTRO   167

18 NOSSA NOITE COM O SR. CHURCHILL   185

EPÍLOGO: OS TEMPOS SUBSEQUENTES   195

Bibliografia selecionada   205

Notas   211

Agradecimentos   221

Créditos das ilustrações   223

O autor (à esquerda) com Knud Pedersen em frente à Biblioteca de Arte, em Copenhague, 2012.

Introdução

NO VERÃO DE 2000, fiz um tour de bicicleta pela Dinamarca. No último dia, visitei o Museu da Resistência Dinamarquesa, em Copenhague, capital do país. As forças alemãs ocuparam a Dinamarca entre 1940 e 1945, e os dinamarqueses são conhecidos por terem imposto uma forte resistência a seus ocupantes. Um dos episódios mais dramáticos de toda a Segunda Guerra Mundial foi a famosa retirada por barco, pelos dinamarqueses, da maioria da sua população judaica para a Suécia, no final de 1943, exatamente quando as forças alemãs estavam prestes a reuni-la e enviá-la por trem aos campos de extermínio. Mas o que não é tão conhecido é que a resistência na Dinamarca levou um bom tempo para decolar. Exposições no museu demonstravam que, nos dois primeiros anos, a maior parte dos dinamarqueses sentia-se avassaladoramente oprimida pelos Golias alemães. Mantinham a esperança viva, reunindo-se em espaços públicos para entoar canções patrióticas dinamarquesas ou comprando "distintivos reais", peças de joalheria que identificavam o usuário como um orgulhoso dinamarquês.

Então, deparei-me com uma pequena mostra especial denominada "O Clube Churchill". Com fotos, cartas, caricaturas e armas, tais como granadas e pistolas, a mostra contava a história de alguns adolescentes dinamarqueses, estudantes de uma cidade do Norte, que deram início à resistência. Mortificados pelo fato de as autoridades dinamarquesas terem se rendido aos alemães sem reagir, esses meninos haviam travado uma guerra própria.

A maioria deles estava no 9º ano escolar em Aalborg, cidade localizada em Jutland, na região Norte da Dinamarca. Entre seu primeiro encontro, em dezembro de 1941, e sua prisão, em maio de 1942, o Clube Churchill atacou mais de vinte vezes, percorrendo as ruas de bicicleta em ofensivas bem coordenadas. Rapidamente, atos de vandalismo evoluíram para incêndios e significativa destruição de propriedades alemãs. Os meninos roubaram e estocaram rifles, granadas, pistolas, munição e até mesmo uma metralhadora dos alemães. Usando explosivos furtados do laboratório de química da escola, queimaram um vagão germânico carregado de asas de avião. A maioria de suas ações era executada em plena luz do dia, já que todos tinham toque de recolher, imposto pela família.

A série de sabotagens do Clube Churchill despertou a nação complacente. Uma foto no museu mostrava oito meninos ombro a ombro num pátio da cadeia, todos, com exceção de um, segurando um número, observados severamente por um guarda. Outro instantâneo mostrava os garotos posando em frente a um antigo monastério, identificado como seu quartel-general. Pareciam confiantes e inocentes; um deles fumava um cachimbo. Alguns, claramente, ainda nem tinham começado a se barbear. Esse grupo de estudantes parecia ser as últimas pessoas passíveis de arriscar a vida em investidas ousadas contra os senhores nazistas. Com certeza, esse charme era parte de seu poder. Daria para imaginá-los desempenhando pequenas tarefas para guardas do pátio de locomotivas de carga, a fim de amaciá-los.

O curador do museu disse que alguns dos meninos – agora idosos – ainda estavam vivos. Knud Pedersen, ele disse, era o mais conhecido e mais bem informado dos sobreviventes. Administrava uma biblioteca de arte no centro da cidade. O curador anotou o endereço de e-mail do Sr. Pedersen em um cartão de visitas, que enfiei no casaco.

Uma semana depois, de volta aos Estados Unidos, peguei o cartão e escrevi uma mensagem a Knud Pedersen. Queria saber se a história do Clube Churchill havia sido escrita em inglês.

A resposta do Sr. Pedersen veio em poucas horas:

Caro Phillip Hoose,
Agradeço seu interesse na história sobre o Clube Churchill
[...] mas, infelizmente, um contrato foi assinado com outro
escritor americano [...] Lamento não poder ajudá-lo.

Então, era isto; alguém tinha se antecipado a mim na história. Não era a primeira vez. Imprimi nossa troca de e-mails, enfiei-a em uma pasta e esqueci o assunto por mais de uma década.

Um salto para setembro de 2012. Eu estava entre um livro e outro, buscando um novo projeto. Remexendo velhos papéis, dei de cara com uma pequena pasta parda chamada "Clube Churchill". Dentro, encontrei a antiga troca de mensagens com Knud Pedersen, entre os primeiros e-mails que eu já tinha escrito ou recebido. Perguntei-me se ele ainda estaria vivo e com boa saúde. Também fiquei curioso em saber se o livro do outro escritor americano chegara a ser escrito. Eu tinha a impressão de que teria ficado sabendo, caso isso tivesse acontecido. Escrevi rapidamente uma mensagem para o antigo endereço me reapresentando a Knud Pedersen, apertei o botão "Enviar" e desliguei o laptop.

Na manhã seguinte, uma mensagem de Knud me aguardava. Dizia que o outro escritor não havia cumprido o combinado. Agora, ele estava livre para trabalhar comigo. Imediatamente. "Quando é que você pode vir a Copenhague?", Knud quis saber. Dei uma olhada na minha agenda e digitei: "De 7 a 14 de outubro". Segundos depois de ter enviado meu e-mail, quase que dava para ouvir sua resposta disparando pelo Atlântico: "Minha esposa, Bodil, e eu te encontraremos no aeroporto. Você ficará com a gente no nosso chalé".

Reservei a passagem.

Duas semanas depois, minha esposa, Sandi, e eu fomos recebidos no aeroporto de Copenhague por um homem de cabelos brancos, meia cabeça mais alto do que qualquer pessoa na esteira de bagagem, e sua esposa. Knud estava vestido com o estilo de um artista. Embora estivéssemos sob o efeito da diferença de fuso horário, fomos levados imediatamente para a Kunstbiblioteket [Biblioteca de Arte], fundada por ele em 1957. A biblioteca é um labirinto de cômodos abaixo do nível da rua, alguns deles contendo centenas de pinturas, apoiadas em cavaletes de madeira. Por um modesto aluguel, um cliente pode retirar uma pintura pelo prazo de algumas semanas, exatamente como uma pessoa pode retirar um livro em uma biblioteca. Se a pessoa que levou emprestado apaixonar-se pela pintura, pode comprá-la por um preço razoável, já havendo uma concordância do artista em vendê-la. A Biblioteca de Arte resulta da firme convicção de Knud de que arte é como pão, um ingrediente essencial para alimentar a alma. Por que as pinturas só deveriam ser acessíveis aos ricos? Assim, ele deu início a essa modesta biblioteca subterrânea. Foi a primeira biblioteca de arte a ser criada, agora famosa no mundo todo e amada em Copenhague.

Enquanto Bodil e Sandi saíam para ver algumas atrações locais, Knud quis começar o trabalho de imediato. Fechamos a porta de seu escritório e nos acomodamos em cadeiras nos lados opostos de uma mesa. Coloquei um gravador no centro dela e o acionei. Mal nos mexemos na semana que se seguiu. Fiquei muito acostumado com o rosto de Knud Pedersen, e ele, com o meu. Falamos por quase 25 horas no total, parando apenas para as refeições ou para dar uma volta.

Como eu me lembrava apenas de algumas palavras em dinamarquês, aprendidas naquele meu tour de bicicleta muito tempo atrás, tínhamos que contar com o inglês de Knud. Seu inglês é fluente, mas manter uma conversa durante uma semana em sua segunda língua deixou-o claramente cansado. Mesmo assim, ele nunca reclamou.

Naquela semana, Knud relatou-me a história dos estudantes de ensino fundamental que se recusaram a capitular a liberdade da Dinamarca, independentemente do que era dito ou feito pelos líderes adultos do país. Os aviões de guerra alemães zumbiram sobre a Dinamarca em 9 de abril de 1940, despejando folhetos que informavam aos dinamarqueses que seu país tinha acabado de se tornar um "protetorado" da Alemanha. A ocupação alemã foi apresentada às autoridades dinamarquesas como uma escolha: "Aceitem, entreguem-nos seus alimentos e seu sistema de transporte, trabalhem para nós, e deixaremos suas cidades em pé. Vocês podem continuar a patrulhar e governar seu povo, até compraremos materiais e provisões para vocês. Ganharão dinheiro. Aprenderão a gostar de nós. E depois da guerra, compartilharão um futuro glorioso ao nosso lado. Ou podem resistir e ser demolidos". O rei e os líderes políticos da Dinamarca aceitaram.

No mesmo dia, a Alemanha invadiu a Noruega. Ao contrário dos dinamarqueses, os noruegueses reagiram desde o início. Quando Hitler exigiu que a Noruega se rendesse, a população respondeu oficialmente: "Não nos submeteremos voluntariamente; a batalha já está em marcha". Conflitos irromperam por todo o interior da Noruega e no mar. A Alemanha capturou importantes portos e cidades noruegueses, mas o exército norueguês continuou lutando, avançando terra adentro para ocupar posições no interior acidentado do país. As perdas foram grandes.

Enquanto esses acontecimentos iam se tornando conhecidos, Knud Pedersen, então com 14 anos, um estudante magricela da cidade industrial de Odense, Dinamarca, passou por emoções profundas, algumas delas pela primeira vez. Ao mesmo tempo que se sentia ultrajado pela invasão alemã, sentia-se inspirado pela coragem dos noruegueses e envergonhado pelos adultos dinamarqueses que haviam aceitado a proposta de Hitler.

Knud e seu irmão Jens, um ano mais velho, reuniram um grupo de meninos e se propuseram a reagir, a obter o que chamaram de "condições norueguesas". Quando a família Pedersen mudou-se para outra cidade, Aalborg, Knud e Jens organizaram um novo grupo de colegas corajosos e com os mesmos ideais para realizar atos de sabotagem. Embora a maioria dos estudantes fosse indiferente, esses poucos tomaram as ruas de Aalborg com suas bicicletas, tentando equilibrar a balança. Denominavam-se o Clube Churchill, por causa do líder britânico Winston Churchill, cujo espírito de luta admiravam. Os ocupantes alemães, de início incomodados e depois enraivecidos, pediram a rápida detenção e punição de quem quer que estivesse roubando seus armamentos e destruindo seu patrimônio. "Ajam rápido", avisaram às autoridades dinamarquesas, "ou a Gestapo assumirá a função policial". A perseguição estava em curso. Os acontecimentos, que ficaram amplamente conhecidos, despertaram e inspiraram os dinamarqueses por todos os cantos.

■ Aviões de transporte alemães sobrevoando casas dinamarquesas, 9 de abril de 1940.

I

OPROP!

DIA 9 DE ABRIL DE 1940. Era um café da manhã como outro qualquer, até os pratos começarem a chacoalhar. Então, uma sirene de alerta total perfurou a manhã calma, e o céu sobre Odense, Dinamarca, trovejou. A família Pedersen empurrou as cadeiras para trás, correu para fora e olhou para cima. Sobre eles, suspensos numa formação estreita, havia uma esquadrilha de aviões escuros. Voavam ameaçadoramente baixo, a não mais de trezentos metros do chão. Os símbolos pretos em cada asa identificavam-nos como aviões de combate alemães. Tiras de papel verde desceram esvoaçando.

Knud Pedersen, de 14 anos, adiantou-se e pegou uma delas do gramado. "OPROP!", era como começava. Com leve erro ortográfico, aquilo significava algo como "Atenção!" em dinamarquês. Embora o panfleto, endereçado aos "Soldados dinamarqueses e ao povo dinamarquês", estivesse escrito numa distorção repleta de erros do alemão, do dinamarquês e do norueguês, o sentido era inconfundível. As forças militares alemãs tinham invadido a Dinamarca e agora estavam ocupando o país. O panfleto explicava que elas vinham para "proteger" os dinamarqueses das sinistras Inglaterra e França, e que a Dinamarca havia se tornado um "protetorado" da Alemanha. Assim sendo, não havia motivo para preocupação; agora, todos estavam protegidos. Os dinamarqueses deveriam prosseguir vivendo normalmente.

OPROP!

Til Danmarks Soldater og Danmarks Folk!

Uten Grund og imot den tyske Regjerings og .det tyske Folks oprigtige Ønske, om at leve i Fred og Venskab med det engelske og det franske Folk, har Englands og Frankrigets Magthavere ifjor i September erklæret Tyskland Krigen.

Deres Hensigt var og blir, efter Mulighet, at treffe Afgjørelser paa Krigsskuepladser som ligger mere afsides og derfor er mindre farlige for Frankriget og England, i det Haab, at det ikke vilde være mulig for Tyskland, at kunde optræde stærkt nok imot dem.

Af denne Grund har England blandt andet stadig krænket Danmarks og Norges Nøitralitet og deres territoriale Farvand.

Det forsøkte stadig at gjøre Skandinavien til Krigsskueplads. Da en yderlig Anledning ikke synes at være givet efter den russisk-finske Fredsslutning, har man nu officielt erklæret og truet, ikke mere at taale den tyske Handelsflaates Seilads indenfor danske Territorialfarvand ved Nordsjøen og i de norske Farvand. Man erklærte selv at vilde overta Politiopsigten der. Man har tilslut truffet alle Forberedelser for overraskende at ta Besiddelse af alle nødvendige Støtepunkter ved Norges Kyst. Aarhundredes største Krigsdriver, den allerede i den første Verdenskrig til Ulykke for hele Menneskeheden arbeidende Churchill, uttalte det aapent, at han ikke var villig til at la sig holde tilbake af »legale Afgjørelser« eller nøitrale Rettigheder som staar paa Papirlapper«.

Han har forberedt Slaget mot den danske og den norske Kyst. For nogen Dager siden er han blit utnævnt til foransvarlig Chef for hele den britiske Krigsføring.

Folheto de propaganda despejado na Dinamarca pelos aviões alemães, 9 de abril de 1940.

Knud olhou para seus vizinhos. Alguns, ainda de pijama, pareciam atordoados. Outros estavam furiosos. Do outro lado da rua, um pai e seus dois filhos mantinham-se em posição de sentido no terraço do seu apartamento, com o braço direito erguido respeitosamente em direção aos aviões alemães. O Sr. Anderson, o comerciante que vendia gibis do Tarzan na banca da esquina, acenava com o punho para o céu. Todos os quatro vizinhos estariam mortos no prazo de três anos.

No dia seguinte, o primeiro-ministro dinamarquês, Thorvald Stauning, e o rei da Dinamarca, Christian X, assinaram um acordo que permitia aos alemães ocupar a Dinamarca e controlar o governo. Uma proclamação concisa explicava a posição oficial da Dinamarca:

O governo agiu com a sincera convicção de que assim fazendo salvamos o país de um destino ainda pior. Não pouparemos esforços para proteger nosso país e nosso povo dos desastres da guerra, e esperamos contar com a cooperação de todos.

Ao longo de todo o dia, bandos de soldados alemães afluíram para Odense e outras cidades de barco, avião, tanque e trem. A infantaria comum da força de defesa da Alemanha – a Wehrmacht – usava uniforme verde-amarronzado, botas pretas com travas e capacetes verdes redondos. Bem preparados, logo tomaram a cidade, instalando alojamentos e centros de comando em hotéis, fábricas e escolas. Afixaram placas de direção em língua alemã nas praças públicas e estenderam quilômetros de linhas telefônicas entre quartéis-generais, centro de operações e casernas. Ao final do dia, havia 16 mil alemães em solo dinamarquês, com a Alemanha detendo controle absoluto.

■ Soldado alemão em Copenhague, 9 de abril de 1940.

OPERAÇÃO WESERÜBUNG

Logo após o amanhecer, em 9 de abril de 1940, um navio mercante que normalmente carregava carvão, conduzido por forças de segurança dinamarquesas, atracou no píer Langelinie, em Copenhague. Como o cavalo de Troia da mitologia grega, trazia um segredo: abertas as escotilhas, soldados alemães jorraram do seu casco, espalhando-se pela cidade e assumindo o controle de instalações-chave. No mesmo momento, forças alemãs invadiam outras cidades dinamarquesas, chegando por ar, terra, ferrovias e até mesmo (para garantir um aeroporto de importância estratégica na essencial cidade de Aalborg) de paraquedas. A invasão bem coordenada, que também teve como alvo a Noruega, recebeu o codinome alemão de Operação Weserübung, por causa do rio Weser, no Norte da Alemanha. Ao meio-dia, estava terminada. As forças dinamarquesas viram-se perplexas e subjugadas. ∎

Ao escurecer, a Wehrmacht foi para as ruas da Dinamarca explorar sua nova casa. Em Odense, a terceira maior cidade do país, muitos comerciantes dinamarqueses ficaram contentes em abrir as torneiras de cerveja ou vender tortas às tropas alemãs. Na verdade, o novo e imenso mercado parecia um golpe de sorte. Os alemães aglomeravam-se nos teatros, tavernas, padarias e cafés da cidade.

À noite, os soldados da Wehrmacht marchavam de braços dados pelas ruas de Odense, com as armas presas ao ombro, gritando canções folclóricas em uníssono, enquanto os dinamarqueses observavam, inclinando a cabeça com curiosidade. Knud Pedersen assistia da multidão. "O comandante gritava: 'Três! Quatro!', e todos começavam a cantar. Algumas das músicas eram baladas românticas, outras, marchas militares. De um jeito ou de outro, eles pareciam ridículos. Pareciam realmente acreditar que gostávamos deles. Comportavam-se como se os quiséssemos ali, como se estivéssemos esperando por eles, como se fôssemos gratos a eles."

Adolescente alto e magro, Knud Pedersen pouco sabia sobre a guerra ou sobre política e pouco se importava com isso até aquela manhã de sexta-feira em abril. Era um aluno razoavelmente bom e de punhos habilidosos, como era preciso ser numa escola essencialmente masculina. Mas as verdadeiras paixões de Knud eram o desenho e a pintura. Todos os sábados pela manhã, encontrava seu primo preferido, Hans Jøergen Andersen, na biblioteca de Odense. Os dois iam direto para os grandes volumes de história da arte, folheavam até chegar aos nus deslumbrantes de Rubens ou às esculturas gregas da figura feminina, e começavam a desenhar. Para Knud e Hans Jøergen, a Vênus de Milo parcialmente coberta era centenas de vezes mais interessante do que a totalmente encoberta Mona Lisa.

Aos domingos, depois que o pai de Knud, o reverendo Edvard Pedersen, terminava seu culto na igreja protestante, a família Pedersen reunia-se na residência da igreja com tios e primos de outras congregações, formando uma grande tribo. No escritório, os tios bebiam e se empolgavam em um jogo de cartas rápido e de batidas na mesa chamado *l'hombre*. A mãe de Knud, Margrethe, e as várias tias do garoto ocupavam a sala de visitas, tricotando, tomando chá e falando sem

■ Hans Jøergen Andersen.

▪ Crianças em um ônibus observando os invasores.

parar, levantando-se de tempos em tempos para cuidar dos frangos de cozimento lento, cujo aroma chegava cada vez mais forte da cozinha. As crianças, incluindo Knud, seu irmão Jens (um ano mais velho), sua irmã Gertrud (dois anos mais nova) e os dois irmãos bem mais novos Jørgen e Holger, brincavam no segundo andar, criando e pintando cenário para a apresentação vespertina de *Robin Hood*, *Branca de Neve* ou *Robinson Crusoé*. Cada criança podia convidar um amigo. No final do dia, havia um festival de risadas, bebidas, aplausos de amigos e familiares, saciados e satisfeitos. Era como crescer em um casulo.

Knud tinha apenas uma vaga noção de que a Alemanha tinha invadido a Polônia no ano anterior, e estava alheio ao risco específico que os judeus corriam tendo Hitler no comando. Antes que seus aviões chegassem em 9 de abril, a Alemanha não parecia passar de um vizinho truculento, um país fronteiriço com uma população vinte vezes maior que a da Dinamarca e uma influência indevida na história e na cultura dinamarquesas. Mesmo antes da guerra, os alunos dinamarqueses tinham que estudar alemão na escola, aprender literatura alemã e tocar música alemã.

Adolf Hitler também não parecia uma ameaça especial. Em 1937, o quarto ano do regime nazista de Hitler, a família Pedersen havia feito uma viagem de carro pela Alemanha no grande Nash Rambler verde da família. Enquanto percorriam pastagens bem aparadas e cidades bem cuidadas, os pais de Knud mostraram-se admirados com o que Hitler conseguira. Havia uma sensação de ordem e atividade nas cidadezinhas e nos grandes centros. Os alemães trabalhavam, enquanto vários outros países continuavam focados numa depressão econômica mundial. Ao final da viagem, o pai deles tinha afixado uma bandeirinha com uma suástica no para-brisa do carro. Ao voltarem para a Dinamarca, os dinamarqueses das aldeias fronteiriças, vizinhos que conheciam bem os nazistas, sugeriram que eles retirassem aquilo imediatamente.

Mas agora que toda aquela inocência acabara, a ficha começava a cair. As forças alemãs também tinham invadido a Noruega em 9 de abril, mas esta reagira, enfrentando a poderosa máquina militar nazista e arcando com uma maciça perda de vidas. Naqueles primeiros dias após a invasão, havia relatos revoltantes na imprensa sobre soldados noruegueses massacrados em defesa de seu país. Muitos deles eram meninos no final da adolescência.

A INVASÃO DA NORUEGA

O ataque alemão à Noruega, em 9 de abril de 1940, levou o país escandinavo à guerra pela primeira vez em 126 anos. Quase 50 mil tropas norueguesas se mobilizaram, mas foram suplantadas pelas forças alemãs. Rapidamente, os alemães assumiram o controle das cidades litorâneas e depois, posicionando tropas especialmente treinadas para combater nas montanhas, partiram em perseguição aos soldados noruegueses no interior acidentado do país. A Noruega resistiu por dois meses, esperando o apoio da Grã-Bretanha, que acabou se revelando pequeno demais e tardio ao extremo.

Após dois meses de uma luta que resultou em 1.335 noruegueses mortos ou feridos, a Noruega se rendeu. Os cidadãos continuaram guerreando no mar, utilizando sua grande frota de navios mercantes no transporte de bens para as nações em guerra contra a Alemanha.

A Alemanha destruiu 106 dos 121 navios noruegueses, matando milhares. Apenas um dos nove submarinos da Noruega sobreviveu à guerra. ■

Enquanto isso, os estudantes dinamarqueses eram bombardeados com propaganda nazista, descrevendo o glorioso futuro que os esperava.

KNUD PEDERSEN: Eu estava no 8º ano quando os alemães chegaram. Ainda tínhamos cerca de dois meses de aula até as férias de verão. A ocupação estava na mente de todos, mas, durante aquelas semanas, nossos professores ficavam nos dizendo para não conversar a respeito, não ser contra, não criticar em voz alta. Não deveríamos cutucar a onça com vara curta. Havia muitos simpatizantes dos alemães no corpo docente da nossa escola. Na Dinamarca, nossa segunda língua era o alemão, e em nossos livros, subitamente, despontaram todos aqueles artigos sobre a alegre Juventude Hitlerista, que saía ao ar livre, acampava e caminhava pelas florestas, brincava nas montanhas e ia visitar castelos antigos, todo aquele lixo infernal. Era fácil perceber que era tudo bobagem.

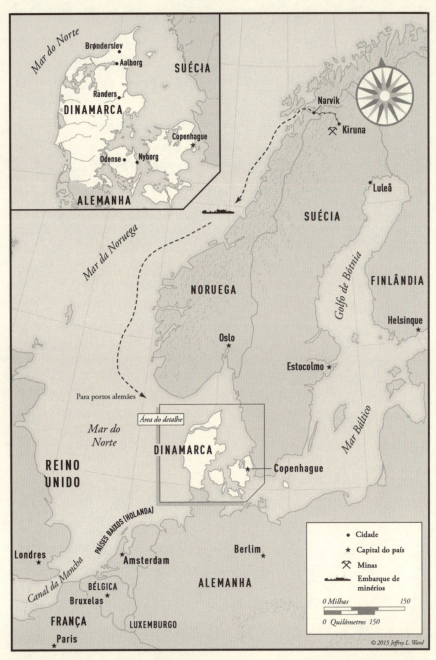

■ Dinamarca e Norte da Europa: 1940.

2

O Clube RAF

COM A OCUPAÇÃO DA DINAMARCA e da Noruega, Hitler passou a ter sob seu domínio dois países a mais, seguindo-se à Polônia, sua primeira conquista, em 1939. A Dinamarca podia ser pequena, mas era valorizada estrategicamente pelo regime nazista. O país dispunha de ferrovias para o transporte de minério de ferro da Suécia e da Noruega para a Alemanha, a ser usado na fabricação de armas. As férteis fazendas da Dinamarca poderiam, agora, fornecer manteiga, carne suína e bovina a milhões de alemães. Geograficamente, a Dinamarca localizava-se entre a Grã-Bretanha e a Alemanha, um anteparo valioso. Além disso, Adolf Hitler enxergava os dinamarqueses como arianos-modelo. Muitos deles eram loiros, de olhos azuis, exemplares da "raça superior" em que Hitler acreditava, o povo perfeito. Se a Alemanha conseguisse sagrar-se vencedora, a Dinamarca seria um sócio-fundador da elite governante mundial.

KNUD PEDERSEN: Nosso grupo de meninos em Odense, no qual estavam incluídos meu irmão mais velho, Jens, e meus primos, começou a ler os jornais diariamente. Eles vinham repletos de histórias sobre civis noruegueses sendo assassinados pelas tropas alemãs. Os alemães já haviam começado a censurar as notícias, e esses relatos deveriam impressionar os leitores com a poderosa máquina de guerra alemã. Mas as histórias eram devastadoras: vinte e cinco jovens soldados noruegueses capturados e executados em uma cidade, trinta em outra. Famílias aos prantos retidas por guardas. Duas jovens abatidas em Ringerike. Quatro civis desarmados baleados em Ringsaker, um deles pelas costas, mas a bala atravessou seu pescoço e saiu pelo maxilar. Em meio a todo esse horror, os noruegueses continuavam lutando.

Jens e eu, juntamente com nossos amigos mais chegados, tínhamos uma profunda vergonha do nosso governo. Pelo menos, as vítimas norueguesas haviam perecido em um país do qual podiam se orgulhar. Nosso pequeno exército havia cedido às forças alemãs em poucas horas, em 9 de abril. Agora, não havia nenhuma força armada, uniformizada, para nos defender. Ficamos furiosos com nossos líderes. Uma coisa tinha ficado bem clara: agora, qualquer resistência na Dinamarca teria que vir dos cidadãos comuns, não de soldados treinados.

Tudo mudou naquelas primeiras semanas, inclusive nossa família. Até então, éramos uma estabelecida família de pastor, com a vida organizada em torno dos cultos da igreja do nosso pai. Tentávamos manter a casa em silêncio enquanto ele soltava baforadas do seu longo cachimbo em seu escritório e preparava os sermões ao longo

■ Knud Pedersen, alguns meses antes da ocupação alemã. Ele aparece na frente e no centro, com a mão na boca.

da semana. Mulheres amontoavam-se em nossa sala de visitas para tomar chá com nossa mãe. Algumas vezes, ela era persuadida a tocar Mozart no piano.

Mas depois de 9 de abril, meu pai tornou-se agitado e desafiador. "Que Deus perdoe os nazistas", trovejava do seu púlpito durante os sermões de domingo. "Eu não consigo!" Avaliava qualquer amigo novo que trouxéssemos em casa. "Quem é o pai dele?", perguntava. "É um nazista?" Meu pai proibiu a mim e a Jens de até mesmo pedir um uniforme de escoteiro. A Juventude Hitlerista usava uniformes. Agora, meu pai detestava todos os uniformes.

A OPINIÃO DE EDVARD PEDERSEN
SOBRE O ESCOTISMO

Nos anos da guerra, os escoteiros e as bandeirantes eram muito populares na Dinamarca. Havia, no mínimo, dez organizações dinamarquesas de escotismo. Salpicados por toda a área rural da Dinamarca, havia centenas de centros de escotismo onde os grupos podiam se juntar para acampar ou fazer reuniões. Edvard Pedersen proibiu os filhos Jens e Knud de se tornarem escoteiros porque não confiava nos aspectos militares do escotismo: uniformes, juramentos, uma estrutura hierárquica. Temia que, durante a ocupação alemã, o movimento escoteiro dinamarquês pudesse ser assumido pela Juventude Hitlerista, que entregava um fluxo constante de garotos alemães – doutrinados pela ideologia nazista, saturada de ódio, de superioridade racial e nacional – para as forças armadas alemãs. Como declarava Hitler: "Só quem conquista a juventude possui o futuro". ∎

À noite, reuníamo-nos em seu escritório para escutar transmissões radiofônicas da Inglaterra. O programa da BBC começava com as quatro primeiras notas da "5ª Sinfonia" de Beethoven, e depois a voz firme e segura que dizia: "Aqui é Londres chamando". Em seguida, vinham as notícias de guerra sobre batalhas aéreas e combates das tropas. Aquilo era para mim.

Quando a escola fechou para o verão, fomos passar as costumeiras férias de família na costa oeste da Dinamarca, no Mar do Norte. Na minha opinião, era uma total perda de tempo. Eu ficava me perguntando: "Como é que eu poderia me deitar na praia, tomando sol, quando meu país tinha sido violentado? Por que não éramos tão corajosos quanto os noruegueses? A Dinamarca não tinha orgulho?".

Ao voltarmos para Odense, no verão de 1940, Jens e eu tínhamos chegado à mesma conclusão: se os adultos não agiam, nós iríamos agir.

Alguns dias depois de voltarem para Odense, Knud e Jens encontraram-se, na tranquilidade silenciosa do pátio da igreja, com seu primo Hans Jøergen Andersen e seus amigos Harald Holm e Knud Hedelund. Os dois Knuds eram muito amigos na escola, conhecidos por todos como "Knud Grande" e "Knud Pequeno", já que Pedersen era quase meio metro mais alto do que Hedelund.

KNUD PEDERSEN: A questão era formar ou não uma unidade de resistência. Meu irmão Jens achava que deveríamos esperar um pouco mais, até podermos recrutar mais membros. Eu sentia justamente o contrário. Minha ideia era ir em frente; os membros viriam quando vissem resultados. Hans Jøergen era, igualmente, um homem de ação; estava pronto. Harald normalmente tinha a cabeça nas nuvens em relação a um ou outro problema intelectual, mas dessa vez estava tão revoltado com os nossos políticos e o nosso rei quanto nós. "A Grã-Bretanha e a França nunca nos tomarão como aliados se deixarmos os alemães tão confortáveis", ele dizia. O Knud Pequeno estava pronto para agir, como sempre. Assim, naquele dia, por votação, nosso clube passou a existir. Foi Harald quem sugeriu que nos denominássemos o Clube RAF, em homenagem à heroica Força Aérea Real Britânica (no original, British Royal Air Force). "Então, existimos. Agora, o que fazemos?" Era nisso que estávamos pensando.

RAF

Ao longo do verão e do outono de 1940, os meninos de Odense escutaram transmissões radiofônicas que narravam o furioso combate aéreo da Batalha da Grã-Bretanha. Seus heróis eram os pilotos da Força Aérea Real Britânica (RAF). Em número bem inferior à alemã Luftwaffe, mas apoiados pelos esquadrões aéreos da Polônia, Tchecoslováquia e outros países, os pilotos da RAF defenderam com valentia os céus sobre a Grã-Bretanha e mantiveram o país livre. A penosa batalha ceifou muitas vidas. O sucesso da RAF frustrou os planos de Hitler de invadir o Reino Unido. A coragem dos pilotos inspirou o primeiro-ministro britânico, Winston Churchill, a dizer na Câmara dos Comuns, em 20 de agosto de 1940: "Nunca, no campo do conflito humano, tantos deveram tanto a tão poucos". Profundamente inspirados, os garotos de Odense prestaram-lhes homenagem, denominando seu grupo "o Clube RAF". ∎

Éramos poucos, os alemães eram muitos. Muito bem treinados, multiplicando-se como bandidos com suas armas. Nós não tínhamos arma nenhuma e, mesmo que estivéssemos armados até os dentes, não saberíamos como usá-las. Fomos de bicicleta até a praça central para sondar as coisas. Logo de cara, avistamos todas as placas de direção recém-colocadas. Eram amarelas e pretas, não tinham mais o vermelho vivo costumeiro das placas dinamarquesas. Mostravam setas pretas apontando neste e naquele sentido. Claramente, tinham acabado de ser fincadas pelos alemães, para conduzir os soldados recém-chegados a suas casernas e seus comandos militares. Um cartaz pendia suspenso de um braço de madeira. Foi o alvo escolhido. Dois de nós recuaram as bicicletas, fizeram a contagem e pedalaram em alta velocidade em direção ao cartaz, um de cada lado, derrubando a coisa com um golpe. Depois, torcemos outros cartazes por lá, de maneira a apontarem na direção oposta à pretendida. Fazíamos essas coisas em plena luz do dia, logo depois da escola. Inúmeras pessoas nos viam, e podíamos vê-las apontando, mas atacávamos muito rápido e dávamos o fora de lá. Agir e fugir rapidamente, esse se tornou o estilo do Clube RAF.

Nossas bicicletas eram nossas armas. Escavamos círculos concêntricos nos bancos para imitar a insígnia da RAF. Olhávamos com orgulho para esses círculos, e juramos usar nossas bicicletas como os pilotos britânicos usavam seus aviões. A minha era preta e enferrujada, e eu a chamava de Cavalo de Ferro. Fazíamos hora em frente ao Cinema Phoenix, em Odense, onde eles passavam filmes de faroeste. John Wayne tinha seu cavalo. Nós tínhamos nossas magrelas. Como John Wayne, éramos todos cavaleiros rápidos e ousados.

HITLER E AS BICICLETAS

Os integrantes do Clube RAF podem ter sido os primeiros sabo-tadores da Dinamarca a atacar usando bicicletas, mas nem de longe foram os últimos. A prática cresceu ao longo da guerra. Em outubro de 1944, o general Hermann von Haneken, chefe do alto comando militar alemão na Dinamarca, ordenou que todas as bicicletas dinamarquesas fossem confiscadas. O rival político nazista de Von Haneken, Werner Best, protestou, escrevendo aos altos oficiais nazistas com a observação de que, uma vez que quase todos os trabalhadores no ramo da exportação alimentícia iam ao trabalho de bicicleta, a retirada desse meio de transporte significaria menos alimentos dinamarqueses para os alemães. O impasse delicado foi finalmente decidido pelo próprio Adolf Hitler. Em 26 de outubro, Hitler ordenou que apenas bicicletas não vendidas nas lojas de ciclismo da Dinamarca deveriam ser confiscadas. Ele tentou manter a ação na surdina, mas dina-marqueses furiosos viram soldados alemães apreenderem, em estacionamentos, bicicletas sem cadeado e atirá-las nas carrocerias de caminhões. Documentos sigilosos declaravam o roubo de bicicletas como "a arma secreta de Hitler". ∎

"Nossas bicicletas eram nossas armas."

No segundo dia, depois da escola, pedalamos até o centro, procurando mais maneiras de desestabilizar nossos invasores. Dessa vez, descobrimos cabos telefônicos ligando as centrais militares alemãs às casernas onde os soldados dormiam. Não havia cabos elétricos, portanto, não havia perigo de nos fritarmos se mexêssemos com eles. Fomos de bicicleta, Hans Jøergen, Knud Pequeno e eu, acompanhando os cabos até os imóveis controlados pelos alemães. Encontramos um lugar, próximo a uma árvore, onde o cabo estava a apenas uns dois metros do chão. Para mim, era fácil alcançá-lo. Subi em um galho e cortei com tesoura de poda de jardim. Nas semanas seguintes, cortamos esses cabos incontáveis vezes.

Atacamos repetidamente durante o verão de 1940 e começamos a ganhar fama em Odense. Tínhamos um estilo particular. A notícia sobre o corte dos cabos espalhou-se, e todos podiam ver as placas danificadas. Lembro-me de estar no saguão do Cinema Phoenix e escutar outros meninos falando sobre os sabotadores. "Quem são eles?", todos se perguntavam.

Os alemães ordenaram à força policial dinamarquesa que pusesse fim àquilo, ou eles assumiriam o comando. Essa era a última coisa que a polícia de Odense queria. Designaram oito agentes para nos capturar. Subitamente, havia guardas nas esquinas, fazendo perguntas nos quiosques onde eram vendidos alimentos: alguém sabia quem cortava os cabos? Alguém teria alguma informação? O comandante da polícia de Odense soltou um anúncio no jornal da cidade oferecendo trezentas coroas dinamarquesas ao informante que levasse à nossa prisão.

Era óbvio que tínhamos despertado a atenção deles: naquela época, trezentas coroas equivaliam a três meses de salário em uma fábrica.

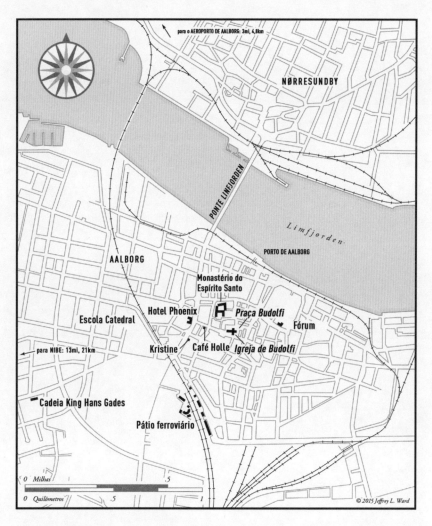

Aalborg, Dinamarca durante a guerra.

3

O Clube Churchill

NA PRIMAVERA DE 1941, Edvard Pedersen aceitou uma transferência para uma nova igreja protestante e se mudou com a família para Aalborg, 240 quilômetros ao norte, em uma região da Dinamarca chamada Jutland. Knud e Jens, agora com 15 e 16 anos, despediram-se com relutância das tias, dos tios e dos primos; das letárgicas tardes de domingo com jogos de cartas e peças familiares; e, o mais importante, do Clube RAF. Os irmãos Pedersen comprometeram-se a formar, em Aalborg, uma unidade de sabotagem de ataque rápido ainda mais enérgica. Os meninos do RAF riram na cara deles: "Vocês nunca vão se igualar à gente", juraram.

Aalborg, a quarta maior cidade da Dinamarca, fervilhava de soldados alemães. A grande atração para os estrategistas de guerra do Terceiro Reich era a localização privilegiada do seu aeroporto. Em poucos minutos, em 9 de abril de 1940, as forças alemãs – com alguns homens descendo de paraquedas no campo de aviação – haviam tomado o aeroporto e se apossado de todas as pontes que abrangiam as vias aquáticas em Aalborg. Imediatamente, puseram-se a trabalhar na construção de hangares e na expansão de pistas.

Vagões cheios de tropas, algumas logo enviadas para ação na Noruega, levantaram poeira nas ruas de Aalborg. Oficiais alemães ocuparam as melhores casas e os melhores hotéis da cidade. Soldados armados da Wehrmacht juntaram-se à população dinamarquesa em restaurantes, lojas e tavernas. Em pouco tempo, os soldados posicionados em zonas de combate chamavam a Dinamarca, com inveja, de "O *Front* Chantilly". O apelido insinuava que os soldados alemães tinham vida fácil na Dinamarca, principalmente em contraste com as tropas de outros *fronts*, onde a batalha era enfurecida.

POR QUE O AEROPORTO DE AALBORG ERA TÃO IMPORTANTE

O aeroporto de Aalborg, situado ao norte da Dinamarca, era essencial para os alemães, servindo como um posto de reabastecimento para se chegar à Noruega que eles precisavam controlar para assegurar portos livres de gelo no Atlântico Norte. Através do controle da Noruega, os alemães também abriam uma rota para o transporte de minério de ferro das minas da Suécia para a produção de armas, passando pelo porto norueguês de Narvik. O grão-almirante Erich Raeder, comandante da Marinha alemã, dizia que seria "completamente impossível guerrear, caso a Marinha não conseguisse garantir os suprimentos de minério de ferro da Suécia". Sendo assim, o aeroporto de Aalborg era um dos mais importantes trunfos individuais em toda a Dinamarca. As forças alemãs, espertamente, camuflaram o campo de aviação contra o ataque dos aviões de guerra britânicos, esculpindo animais de fazenda de madeira compensada e espalhando os disfarces pelo terreno. Do alto, as vacas e os carneiros próximos a uma pista pintada de verde sugeriam uma pacata fazenda dinamarquesa. ▪

▪ Tropas à espera de transporte em Aalborg.

A família Pedersen mudou-se para uma estrutura medieval cheia de correntes de vento, coberta de hera, com um sótão elevado. Construído em 1506, o Monastério do Espírito Santo, como o conheciam, era, na verdade, uma série de construções ligadas por passagens em arcos. Ao longo dos séculos, o monastério havia funcionado como escola de latim, hospital, igreja e biblioteca da cidade. Agora, abrigaria a igreja do povo dinamarquês de Edvard Pedersen e serviria de moradia para a família Pedersen. Não havia dinheiro suficiente para aquecimento elétrico, então, todas as manhãs, Margrethe Pedersen levantava-se antes do amanhecer para acender as sete fornalhas de carvão do monastério. Ao caminhar de mansinho pelos frios corredores de ladrilhos carregando suas velas, rostos de anjos, afrescos pintados séculos antes, a espiavam do alto de tetos abobadados. Mãos do século XVI haviam rabiscado suas iniciais nas paredes de tijolo do monastério.

■ O Monastério do Espírito Santo, Aalborg (frente).

■ O "pátio do padre" do monastério.

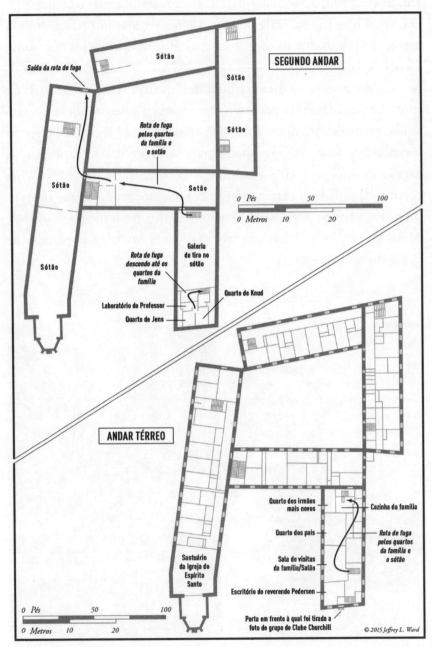

Monastério do Espírito Santo.

Knud e Jens colocaram seus pertences em quartos contíguos, no segundo andar. Puxando a cortina, Knud avistava uma série de conversíveis alemães recém-polidos, enfileirados na Praça Budolfi, em frente ao posto de correio de Aalborg. Os veículos eram vigiados por um único guarda uniformizado. Se havia um alvo perfeito, pensou Knud, ali estava.

Eles se matricularam na Escola Catedral, uma escola preparatória para a faculdade que lecionava para os filhos e as filhas dos líderes da cidade. Todas as manhãs, centenas de estudantes pedalavam suas bicicletas até a escola. Às vezes, os jovens ciclistas eram conduzidos por um professor de matemática distraído, famoso por assinalar conversões à esquerda, virando, em seguida, à direita, o que resultava em engavetamentos monumentais.

Embora Knud e Jens estivessem ansiosos para retomar as atividades de sabotagem em Aalborg, precisaram, de início, se mover com cautela. Na Escola Catedral, havia estudantes e membros do corpo docente pró-alemães. Levava tempo para conhecer as pessoas. Em quem poderiam confiar? Como saber?

KNUD PEDERSEN: Não dava para saber com quem se podia contar para ingressar em uma unidade de sabotagem. Ninguém, a não ser Jens e eu, tinha qualquer experiência. Sabíamos que uma pessoa que fala grosso dentro de uma sala pode entrar em pânico na hora de agir. Meus dois primeiros amigos na Catedral foram Helge Milo e Eigil Astrup-Frederiksen, ambos no meu ano. Assistíamos a aulas juntos, e mais tarde começamos a nos encontrar depois da escola, às vezes no monastério. Eigil era um indivíduo elegante, sempre bem vestido, que falava alto e ria ainda mais alto, habilidoso com as meninas. Seu pai possuía uma floricultura no centro da cidade. Helge vinha de uma família bem-nascida, da cidade vizinha de Nørresundby. Seu pai dirigia uma indústria química.

Após um tempo, senti que poderia confiar neles o bastante para lhes contar sobre o Clube RAF e para confidenciar que Jens e eu estávamos interessados em iniciar uma unidade de sabotagem semelhante em Aalborg. Eles quiseram participar. Assim, numa tarde, como teste, fomos os três de bicicleta cortar alguns cabos telefônicos que chegavam até umas casernas alemãs. As casernas ficavam em uma floresta e, logicamente, havia soldados por toda parte.

Tanto Eigil quanto Helge entraram em pânico ao nos aproximarmos. "Por favor, volte", imploraram-me. "Vamos deixar os cabos para outro dia". Então, assim fizemos. Eu entendia. Leva certo tempo para se acostumar à sabotagem. Ao voltarmos, passamos pedalando por quatro soldados alemães que flertavam com uma dinamarquesa. Eigil e Helge xingaram ao passarem por ela, chamando-a de "colchonete", um insulto para uma mulher que sai fazendo sexo com soldados. O problema foi que meus colegas estavam à minha frente e já tinham passado pelos alemães, mas eu ainda não. Quando passei zunindo, eles partiram em nosso encalço. Logo nos cercaram e nos imobilizaram, empunhando as baionetas. Poderiam, facilmente, ter-nos apunhalado no local. De algum modo, conseguimos convencê-los a nos soltar, e eles nos deixaram ir.

■ Desenho de Knud, feito em 1941, de um soldado alemão perseguindo alunos da Escola Catedral na floresta.

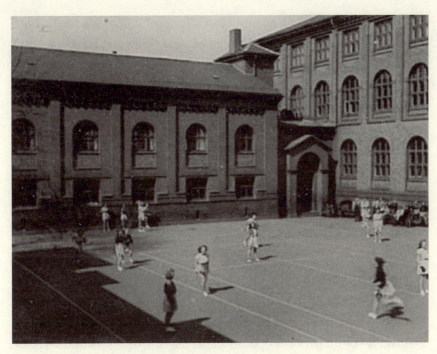

■ Pátio de exercícios da Escola Catedral, 1943.

Em Aalborg, havia soldados alemães por toda parte – na cidade, na floresta, na zona portuária, saindo pelo ladrão. Alguns frequentavam a igreja do pai de Knud aos domingos. Ele resistia à ideia de dar comunhão aos nazistas.

Na Escola Catedral, o ginásio de esportes foi transformado em alojamento para cerca de cinquenta soldados alemães. Quando as meninas da escola se exercitavam no pátio, os soldados penduravam-se para fora das janelas, assobiando e caçoando delas.

KNUD PEDERSEN: Um dia, um oficial alemão atravessou o pátio da escola durante nosso período de recreio. Fui até ele para confrontá-lo, informando-o que ele não tinha nada a fazer ali. Começamos a gritar um com o outro, enquanto meninos e soldados juntavam-se à nossa volta. Então, nosso diretor desceu voando a escada para me afastar, gritando: "Seu idiota! O que está fazendo? Volte para sua sala!". Ninguém o culpou. Como diretor da escola, ele tinha que fazer isso, ou a confusão teria sido muito mais grave.

Pouco antes do Natal de 1941, uma única conversa mudou tudo. Estávamos no quarto de Jens, no monastério. Éramos eu, Jens e quatro dos meus colegas de sala do 9º ano: Eigil, Helge, Mogens Thomsen, filho do gestor da cidade de Aalborg, e Mogens Fjellerup, um rapaz pálido, de rosto pontudo, que raramente falava, mas era conhecido como o estudante de física de destaque da nossa classe. Dois dos colegas de Jens também estavam lá. Um menino chamado Sigurd – academicamente cotado como número um na classe deles – e Preben Ollendorff, um pouco falastrão, cujo pai era dono de uma fábrica de tabaco.

Tínhamos acabado de comprar presentes de Natal para nossos professores. Estávamos num ótimo clima de feriado, socando nossos cachimbos, rindo ao falar de garotas, nos divertindo. Mas, como sempre, a conversa voltou para a ocupação alemã em nosso país. Naquela época, não se passavam cinco minutos sem o assunto voltar para o tópico que estava na cabeça de todos.

A conversa ficou muito séria. Inclinamo-nos para a frente e nossas vozes ficaram mais baixas. Discutimos, furiosos, os artigos do jornal sobre a execução de cidadãos e a chacina de soldados noruegueses que resistiam aos nazistas. Os noruegueses eram nossos irmãos, lembramo-nos entre nós, nossos bons vizinhos que tinham a coragem de reagir. Em contraste, nossos líderes faziam comércio com a Alemanha e procuravam acalmar os nazistas.

Ali estava a discussão pela qual eu tanto ansiava! Empolgava-me estar com estudantes da Catedral que se sentiam como eu e meu irmão. Eram meninos que, como nós, ficavam acordados para a transmissão radiofônica noturna da Inglaterra. Quanto mais falávamos, mais zangados ficávamos. Era absurdo; se você encostasse acidentalmente em um alemão na rua, esperava-se que tirasse o chapéu da cabeça, abaixasse os olhos e se desculpasse fervorosamente por perturbar um soldado da raça superior. Todos nós os tínhamos escutado zurrando suas canções folclóricas idiotas pelas ruas.

Tudo aquilo era ultrajante, mas alguém faria algo a respeito? Os dinamarqueses, no geral, detestavam sua ocupação e seus ocupantes, mas era pedir a eles que resistissem e eles respondiam: "Não, não dá pra fazer isso... Temos que esperar... Ainda não somos suficientemente fortes... Seria um derramamento de sangue inútil!".

Quando apresentamos a proposta, o ar estava denso com a fumaça do nosso tabaco. Era o mesmo juramento que Jens, eu e os outros componentes do Clube RAF tínhamos feito em Odense: *nós* agiremos. Nós nos comportaremos como os noruegueses. *Nós* limparemos a lama da bandeira dinamarquesa. Jens e eu abrimos o jogo e contamos aos colegas nossas atividades de sabotagem com o Clube RAF, em Odense. Contamos a eles que partimos com uma recompensa pelas nossas cabeças.

A discussão esquentou. Os meninos mais velhos, Sigurd e Preben, não quiseram ter nada a ver com aquilo. "Vocês são loucos", disseram. "Os alemães vão acabar com vocês em um dia! Não vai restar nada de vocês!" Mas nós, garotos mais novos, estávamos determinados a nos conceder um país do qual pudéssemos nos orgulhar.

Naquela tarde nevada, nós, colegas do 9º ano, juntamente com Jens, decidimos formar um clube para combater os alemães com a mesma intensidade com que os noruegueses lutavam. Levaríamos a resistência para Aalborg. Chamaríamo-nos Clube Churchill, em homenagem ao grande líder britânico. Jens ofereceu-se para pesquisar a organização de uma célula de resistência e nos dar suas recomendações, na mesma hora, no mesmo lugar, no dia seguinte. Preben e Sigurd prometeram não contar nada sobre nosso encontro para ninguém. Já transformados dos alegres compradores do período festivo que tínhamos sido uma hora antes, o Clube Churchill ficou em suspenso.

No dia seguinte, terminadas as aulas, Knud e os outros meninos bateram os pés no chão para retirar a neve das botas e entraram a passos firmes no quarto de Jens, na antiga ala do padre do monastério, para a primeira reunião do Clube Churchill. Estenderam-se sobre um sofá acolchoado e fecharam a pesada porta de madeira. Knud posicionou-se em uma cadeira em frente a ela para escutar a aproximação de passos. E, como era de se esperar, eles vieram, seguidos por uma batida enérgica na porta. Knud abriu-a e piscou ao ver um garotinho loiro que se apresentou como Børge Ollendorff, irmão mais novo de Preben. O irmão havia lhe contado sobre a reunião, e ele queria participar. Não, ele não frequentava a escola deles, e sim, era um ano mais novo, mas odiava o porco nazista tanto quanto qualquer um deles, e odiava ainda mais a reação oficial dinamarquesa. Passou por Knud e jogou uma bolsa abarrotada de tabaco sobre a mesa de Jens. "Sirvam-se", disse. Estava disposto a trazer para o clube um suprimento regular da empresa de tabaco do pai. Aquilo foi impressionante. Knud fechou a porta e tornou a se sentar. Børge deslizou sobre o sofá.

KNUD PEDERSEN: Naquela tarde, Jens apresentou um plano para o nosso clube. O modelo revelou-se muito parecido com as posteriores unidades de resistência profissional da guerra. Ainda que fôssemos poucos no início, dividiríamos nossas atividades em três departamentos: propaganda, técnico e sabotagem. Com o tempo, nossa organização cresceria.

O departamento de propaganda pintaria a cidade de Aalborg com mensagens antigermânicas, para mostrar que a resistência estava viva. Como não tínhamos máquina de estêncil, nem mimeógrafo para produzir panfletos em série, nossa primeira arma seria pintar. Escolhemos a cor azul. Atacando rapidamente em nossas bicicletas, espalharíamos a incriminatória palavra "*vaernemager*" – que significava "aproveitador da guerra" – nas lojas, casas e escritórios de dinamarqueses conhecidos por serem simpatizantes dos nazistas. Depois, sairíamos pedalando feito loucos. Faríamos com que eles fossem desmascarados.

Naquele dia, criamos nossa própria insígnia, uma imitação da ridícula suástica nazista. Da ponta de cada braço da nossa cruz inclinada disparavam setas, como raios. "Aqui está o símbolo da revolução contra os nazistas!", proclamavam nossos relâmpagos. "Esta chama da rebelião mata nazistas!"

Inscreveríamos nossa marca azul nos conversíveis alemães, pretos e polidos, enfileirados nas ruas. Acrescentaríamos alegres pinceladas azuis às apagadas casernas alemãs e aos edifícios-sede. Nossa insígnia também era uma ameaça de morte para os quatro principais criminosos de guerra nazistas, Hitler e seus três asseclas mais importantes: Hermann Göring, Heinrich Himmler e Joseph Goebbels.

O departamento técnico produziria bombas e outros explosivos. Prometemos provocar sérios danos ao patrimônio alemão na cidade, especialmente aos vagões de trem cheios de peças de avião. Acabaríamos com a arrogância nazista e acordaríamos o povo dinamarquês.

Em Mogens Fjellerup – apelidado "o Professor" – tínhamos uma vantagem incomparável para o departamento técnico. Ele era tão brilhante em física que a escola havia lhe dado uma chave para o laboratório. Nas semanas e nos meses seguintes, o Professor roubaria pilhas de substâncias químicas para misturar e produzir explosivos. Revezávamos, nervosos, ajudando-o a misturar os ingredientes. Passamos muito tempo preparando nitroglicerina para bombas. Uma vez, ele de fato chegou a derramar os componentes durante uma reunião. Foi muita sorte nossa aquilo não ter explodido. Mas nós sabíamos que precisávamos de armas e, até conseguirmos roubar um arsenal, teríamos que fazer algumas nós mesmos. O Professor era o homem certo.

O departamento de sabotagem realizaria o trabalho de campo do Clube Churchill *in loco*. É claro que, estando naquele quarto, naquele dia, todos se comprometeram a cometer atos de sabotagem, sobretudo destruir o patrimônio alemão e roubar suas armas. Eu, naturalmente, tendi para o trabalho de sabotagem. Tinha inclinação para atos ousados. Jens era mais um estrategista, mas um estrategista muito corajoso. Eu queria causar problemas, enquanto ele queria resolvê-los. Havia uma boa quantidade de atrito entre nós; competíamos em tudo.

Depois de uma discussão acalorada em nossa primeira reunião, também decidimos formar uma quarta categoria, a qual nomeamos "departamento passivo". Ele consistiria de colegas da escola que não estivessem dispostos ou não fossem corajosos o bastante para ataques em campo, mas que poderiam ajudar-nos de outras maneiras, tais como levantar dinheiro ou conceder apoio. Por exemplo, um dos colegas era filho de um fabricante de tintas. Nas semanas seguintes, depois de já

Membros e amigos do Clube Churchill em frente ao monastério. Na fileira de trás, da esquerda para a direita: Eigil, Helge, Jens, Knud; na fileira da frente, da esquerda para a direita: desconhecido, Børge, desconhecido, Mogens F.

estarmos realmente desenvolvendo nosso trabalho de propaganda, esse aluno mencionou, numa conversa casual, que a polícia havia visitado a fábrica do seu pai, procurando uma correspondência entre a tinta azul que estávamos espalhando por toda Aalborg e os produtos da empresa. Arrisquei-me e contei a ele sobre o Clube Churchill, convidando-o a ingressar. Ele se recusou, mas disse que gostaria de nos ajudar. Depois disso, entregou-nos toda a tinta azul de que precisávamos em lotes de dez litros. Em pouco tempo, tínhamos ao todo dez membros passivos.

Sabíamos que, a cada vez que aceitávamos alguém novo, arriscávamos sermos expostos. Mas sentíamos que era preciso assumir riscos calculados. Precisávamos de pessoas.

Concluímos nossa primeira reunião organizacional chegando a um acordo sobre alguns princípios gerais:

- Nenhum adulto deveria saber das nossas atividades. Só confiaríamos uns nos outros;
- Nada de armas na escola; isso se algum dia conseguíssemos uma;
- Qualquer um que mencionasse o nome do clube a um estranho seria imediatamente banido;
- E, finalmente, a regra mais importante: para ser um membro ativo do Clube Churchill, a pessoa teria que cometer um ato sério de sabotagem, tal como roubar uma arma alemã.

O motivo para a última regra era simples: quem fosse pego roubando uma arma alemã tinha uma boa chance de ser executado. Arriscando-se a isso, todos investiriam a sério nas atividades do clube. Essa regra desencorajaria qualquer um a delatar o clube para as autoridades, porque essa pessoa também seria incriminada. Sob um ponto de vista legal, todos seríamos culpados juntos.

Continuaríamos a nos reunir depois da escola, no quarto de Jens. Começaríamos fazendo chamada e depois sairíamos em patrulha. Dividiríamos a cidade em zonas, patrulharíamos de bicicleta e nos encontraríamos de volta no monastério para discutir oportunidades e depois atacar, se tivéssemos algo. Acabaríamos nos tornando especialistas em crimes à luz do dia, já que a maioria de nós tinha toque de recolher, imposto pelas nossas famílias, e não podia ficar na rua depois de escurecer. Sem problemas; tudo era mesmo mais vigiado à noite. O inimigo era vulnerável a ataques diurnos. Se precisássemos agir à noite, diríamos a nossos pais que tínhamos formado um clube de *bridge*. Poderíamos dizer que estávamos saindo à noite para um jogo de baralho na casa do único entre nós que não tinha telefone.

Conforme foi escurecendo do lado de fora dos muros do monastério e as horas seguiam noite adentro, levantei-me, puxei a cadeira da porta e me despedi dos meus novos companheiros. Hoje, nascíamos. Amanhã, agiríamos.

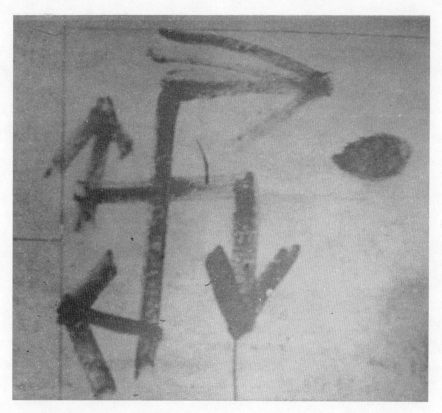

A insígnia do Clube Churchill, pintada por toda parte. "Esta chama de rebelião mata nazistas", ela proclamava.

4

Aprendendo a respirar

EM JANEIRO DE 1942, a Dinamarca estava em seu segundo ano de ocupação alemã. Os dinamarqueses expressavam sua oposição à Alemanha não com resistência, mas por meio de gestos de patriotismo. Alguns se reuniam em espaços públicos para entoar canções folclóricas dinamarquesas. Outros compravam "distintivos reais", oferecidos em joalherias, em prata ou ouro, como símbolo de solidariedade com o governo. Alguns estudantes recusavam-se a falar alemão nas aulas de idioma.

Enquanto isso, os soldados alemães acomodavam-se. Mês a mês, os ocupantes ficavam ainda mais confortáveis na Dinamarca, negociando livremente com comerciantes e aprendendo a saborear a comida e a cultura do país. Alguns fabricantes dinamarqueses colaboravam com seus "protetores", produzindo armas e peças para facilitar os planos bélicos alemães. Outros criaram acomodações temporárias para os soldados. Um deles, o Sindicato Riffel, em Copenhague, recebeu uma encomenda para fabricar cinco mil metralhadoras para os alemães, que pagaram por elas com fundos tirados do Banco Nacional Dinamarquês. Por toda parte havia como ganhar dinheiro.

Foi nesse clima que o Clube Churchill deu início a suas atividades.

■ Um distintivo real.

KNUD PEDERSEN: Começamos as atividades do Clube Churchill com uma série de ataques à luz do dia às placas de direção alemãs em Aalborg, como tínhamos feito em Odense. Em geral, agíamos em duplas. Com um assobio agudo, um de nós distraía o soldado para que deixasse seu posto, enquanto o outro se esgueirava por trás e girava a placa, de modo que as tropas e os carroções alemães circulassem para os lugares errados. Às vezes, derrubávamos as placas com o uso de martelos. Os alemães recolocavam-nas, e nós voltávamos a derrubá-las. Essas atividades não estavam vencendo a guerra, mas estávamos ganhando prática, e nossas ações eram notadas pelas pessoas nas ruas. Alguém não cedia.

Os ataques às placas também nos deram experiência para agir com a ameaça de prisão pairando sobre nossas cabeças, ou a perspectiva de levar um tiro. Tínhamos que nos acostumar com isso. Era preciso aprender a respirar perto de soldados armados. Seu corpo trabalha diferente num clima de perigo ou excitação. Até a mais insignificante das missões pode provocar espasmos no diafragma quando não se tem experiência. A pessoa começa a respirar rápido demais. Algumas riem descontroladamente. A língua se solta. Alguns dizem coisas das quais se arrependem. A nossa era uma guerra sem *front*, o que significa que o inimigo estava o tempo todo à nossa volta. Até com nossos pais, professores e colegas, tínhamos que tomar cuidado com o que falávamos e para quem falávamos.

Em fevereiro, os muros de Aalborg estavam grudentos de tinta azul do Clube Churchill, e as placas de direção alemãs pareciam pretzels. Knud e os outros jovens sabotadores estavam preparados para um alvo maior. Um candidato era óbvio; não havia colaborador alemão mais conhecido em Aalborg do que a Companhia de Construção Fuchs. Ela tinha construído hangares, pistas e escritórios no aeroporto de Aalborg para os militares alemães, recebendo belos rendimentos ao ajudar o Terceiro Reich a voar cada vez mais para a desgastada Noruega. A Companhia Fuchs era um excelente exemplo de tudo que o Clube Churchill detestava na postura complacente do governo dinamarquês.

No aeroporto de Aalborg, a sede da empresa ficava isolada do terminal e das pistas. Os meninos decidiram incendiá-la.

KNUD PEDERSEN: Eigil, Helge, Børge e eu saímos para realizar o ataque numa noite extremamente fria de inverno. Era a noite de iniciação de Eigil. Se ele se saísse bem e a operação desse certo, se tornaria um membro do Clube Churchill com plenos direitos.

Dissemos a nossos pais que íamos jogar *bridge*, para ganhar algumas horas e atacar encobertos pela escuridão. Encontramo-nos em frente ao monastério e partimos em duplas em direção ao lugar mais perigoso da cidade. A Ponte Limfjorden liga Aalborg à cidade vizinha de Nørresundby, atravessando um fiorde. Como o aeroporto, do lado de Nørresundby, era muito importante para os alemães, eles colocaram guardas armados em postos de controle dos dois lados, para vistoriar os veículos. Passamos pelos dois postos sem incidentes e seguimos para o norte, ao longo de ruas cobertas de neve, entrando na área rural.

Alguns quilômetros depois, surgiram as formas avantajadas dos hangares do aeroporto de Aalborg. O campo de aviação coberto de neve, atrás de uma cerca de arame, parecia uma fazenda salpicada de animais domésticos. Mas os animais não se mexiam. Eram os engodos de madeira alemães, criados para dar a impressão, do alto, de que o viajante estava passando sobre pastagens, e não campos de aviação de importância militar. Na entrada principal do aeroporto havia um posto de vigilância, mas o escritório da Fuchs ficava destacado, ao lado, em uma região escura da unidade. A cerca de arame com o aviso "Proibida a entrada de pessoas não autorizadas" em letras garrafais era fácil de ser transposta.

Arrastamo-nos até a central da Fuchs e ficamos parados. Não havia luz lá dentro e – felizmente – nenhum cão de guarda. Ficamos imóveis no escuro por vários minutos, hesitantes e à escuta de qualquer tipo de som, lutando para juntar a coragem de realizar o trabalho, lembrando-nos intimamente que ainda poderíamos desistir. Então, subitamente, Børge pegou um pedaço de pau e arrebentou três janelas. O barulho foi imenso! Quando olhei para Eigil, vi uma faixa molhada descendo pela sua calça.

Entramos pelas janelas e nos vimos dentro de um escritório repleto de mesas e pranchetas ordenadas em fileiras. Desenhos arquitetônicos estavam empilhados em uma das mesas. Contas e recibos achavam-se em outra, presos por um peso de papel. Uma terceira continha uma pilha de cartões de visita com os dizeres: "Você recebeu a visita de um membro do partido nazista".

Supervisionando todas as mesas e cadeiras, havia uma grande foto emoldurada de Adolf Hitler. Ele olhava friamente para nós, como se soubesse quem éramos. Começamos nosso próprio trabalho livrando o Füher do seu prego na parede e arrebentando-o sobre uma mesa. Os cacos voaram para todos os lados. Batemos o retrato contra o chão e nos revezamos dançando sobre seu rosto. Em seguida, juntamos todos os desenhos, recibos e cartões de visita numa única pilha, colocamos o que restava de Hitler em cima, como a cereja do bolo, e pusemos uma almofada sobre o pequeno monte. Pouco antes de incendiá-lo, levamos para fora uma máquina de escrever, peça muito útil, difícil de encontrar e quase impossível de comprar. Também tiramos de lá o que se revelou um aparelho de nivelamento. Não sabíamos o que fazer com ele, mas parecia promissor. Depois, levamos um fósforo a toda aquela miscelânea traiçoeira e saímos em disparada para nossas bicicletas. Ao voltarmos, olhamos para trás e vimos, por uma das janelas, um brilho se intensificando na escuridão. Foi uma bela visão!

Na reunião do dia seguinte do Clube Churchill, os outros perguntaram se tínhamos deixado uma marca assumindo a autoria do ataque. "Não", dissemos, "por que faríamos isso?". Bom, o que impediria os fantoches da Fuchs de deduzir que tinham sido atacados por criminosos comuns, e não por patriotas? Mesmo sendo difícil de engolir, nossos colegas tinham razão. Não tínhamos deixado claro que a central de colaboração tinha sido visitada por patriotas dinamarqueses que jamais cederiam. Assim, pegamos uma marreta e arrebentamos o aparelho de nivelamento que havíamos roubado – de qualquer modo, não conseguíamos imaginar para o que ele servia –, e escrevemos uma mensagem nele: "Saiam do nosso país, seus nazistas fedorentos". Algumas noites depois, voltamos de bicicleta para devolver a eles o aparelho arrebentado, agora com o nosso autógrafo. Descobrimos que o escritório da Fuchs não tinha se incendiado; o prédio estava em pé. Mas mesmo assim, foi gratificante saber que havíamos destruído seus planos, plantas e registros, o que significava que teriam que recomeçar.

E tínhamos melhorado em muito a aparência de Hitler.

■ Fotografias da cena do crime dos prejuízos da Companhia de Construção Fuchs, mostrando cinzas dos desenhos destruídos de projetos dos novos hangares do aeroporto.

■ O rei Christian X cavalgando pelas ruas de Copenhague durante a ocupação.

5

Chamas da resistência

NOS PRIMEIROS MESES DE 1942, a Dinamarca parecia um lugar saído diretamente de um conto de fadas de Hans Christian Andersen, especialmente em comparação com tantos outros lugares do mundo, onde conflitos sangrentos eram travados. Em Copenhague, todas as manhãs, o rei Christian X cavalgava pelas ruas, saudado por onde passava, tanto pelos cidadãos dinamarqueses quanto pelos soldados alemães. O ministro dinamarquês das Relações Exteriores, Nils Svenningsen, fazia suas cavalgadas matinais com o comandante-chefe alemão, Werner Best.

Enquanto cidadãos e soldados estavam sendo abatidos na Noruega, líderes empresariais dinamarqueses almoçavam com oficiais alemães, fechando acordos durante a sobremesa. Profissionais desempregados da Dinamarca eram mandados para a Alemanha, onde tinham a oportunidade de trabalhar para os nazistas, enquanto soldados alemães uniformizados passeavam pelas ruas das cidades dinamarquesas de braços dados com moças locais. Nos primeiros meses de 1942, era claro que muitos oficiais do país aguardavam uma vitória nazista, a partir da qual a nação escandinava seria uma parceira comercial.

Winston Churchill referiu-se à Dinamarca pelo rádio como "o canário doméstico de Hitler".

KNUD PEDERSEN: Depois do ataque à Fuchs, concentramo-nos nos veículos alemães. Ao nosso arsenal de tinta azul, martelos e bicicletas, acrescentamos gasolina e fósforos. O incêndio criminoso se tornou um jogo. Passamos a levar conosco uma pequena quantidade de gasolina quando saíamos, enfiando a lata em uma bolsa de escola. Como sempre, especializamo-nos em ataques rápidos: agir e fugir.

Um dia, durante nosso reconhecimento de bicicleta, encontramos três grandes caminhões alemães desprotegidos em um campo. Devagar, nos aproximamos de cada um e olhamos pelas janelas para ter certeza de que não havia ninguém escondido, ou dormindo, lá dentro. Estavam todos vazios. Rapidamente, um de nós cortou os assentos, tirou os estofados e ensopou-os com gasolina. Outro pintou em cada veículo

▪ Werner Best, à direita, comandante-chefe alemão na Dinamarca, com Erik Scavenius, primeiro-ministro dinamarquês, 1943.

■ Foto da polícia dinamarquesa de um caminhão alemão vandalizado pelo Clube Churchill.

uma icônica suástica azul com raios. A um sinal, um terceiro jogou um fósforo aceso em cada cabine, e disparamos para longe dali o mais rápido possível. As chamas foram instantâneas; a gasolina fez toda a diferença.

Em outra tarde, demos com um trator alemão largado perto do campo de aviação em Lindholm, um subúrbio de Aalborg. Voltamos a cortar os assentos, pintamos o símbolo e preparamos o estofamento, mas, de repente, percebemos que ninguém havia se lembrado da gasolina. Mandamos Børge, o mais novo entre nós, pedalar de volta até o monastério e buscá-la. Ele contestou, dizendo que deveríamos tirar na sorte. Dissemos a ele que fosse de uma vez. Ele nos ignorou, abriu o tanque de gasolina e jogou lá dentro um fósforo aceso, pondo fogo no veículo.

Isso era típico de Børge. Ele tinha cara de inocente, a espécie de inocente que é mais perigosa. Com cachos loiros, olhos azuis brilhantes e um sorriso doce, parecia um anjo. Mas adorava ação. Era destemido e esperto, e tinha os pés muito rápidos. Também era cabeça quente e desbocado, o que, às vezes, nos causava problemas. Era o mais novo de nós todos, tinha só 14 anos, mas eu gostava dele. Compartilhávamos um senso de humor irreverente. Ele tinha um jeito muito parecido com o do Knud Pequeno, de Odense. Ambos não tinham medo, e eram miúdos.

Børge e eu ficamos próximos. Ele morava a cerca de 25 quilômetros a oeste de nós, numa cidadezinha chamada Nibe, mas frequentava a escola em Aalborg. Jens conhecia seu irmão mais velho, e foi assim que ele nos descobriu. Estava tão ansioso por se juntar a nós que, frequentemente, pedalava os 25 quilômetros em sua bicicleta, indo e voltando entre Nibe e Aalborg por ruas cobertas de neve, para estar conosco.

Geralmente, quando uma ação pedia duas pessoas, nós dois trabalhávamos juntos. Desenvolvemos uma compreensão mútua que, em geral, dispensava palavras. Um distraía, o outro atacava. Por exemplo, uma vez, Eigil, Jens, Børge e eu nos deparamos com vários conversíveis alemães enfileirados atrás de uma cerca no centro da cidade. Dava para ver, claramente, uma pistola largada no banco da frente do carro mais próximo. Ficamos babando. Tínhamos que tê-la.

Os alemães haviam colocado apenas um único soldado armado próximo à cerca. Claramente entediado, ele estava distraído, assistindo ao jogo de futebol de alguns meninos na rua ao lado. Børge ficou parado, observando o jogo intensamente. Quando a bola rolou perdida em nossa direção, correu até ela e chutou-a por cima da cerca. A bola parou sob um dos veículos alemães. Corri e pedi ao guarda para, por favor, me deixar buscá-la. O soldado ficou de lado e me deixou abrir o portão. Lá dentro, peguei a bola e, enquanto Børge ocupava o guarda com uma pergunta, corri até o carro e agarrei a arma, enfiando-a no cós da calça. Depois, trotei de volta para a rua, chutei a bola para os meninos e fui embora.

Fomos ficando cada vez melhores em inutilizar os veículos alemães que encontrávamos por Aalborg, principalmente próximo ao aeroporto. Aprendemos como arrancar a tela de um radiador em um segundo e roubar ou arrebentar as partes expostas. Sempre deixávamos nossa assinatura em tinta azul brilhante.

Os veículos que mais queríamos destruir ficavam enfileirados logo em frente ao meu quarto, na Praça Budolfi. Dava para vê-los pela cortina em todas as reuniões do Clube Churchill. Eles eram uma monstruosidade, uma afronta, um insulto. Enquanto o inverno rodopiava ao redor dos velhos muros do monastério, nós nos juntávamos no quarto de Jens, discutindo vários esquemas para eliminá-los, mesmo que isso significasse matar o guarda. Cada vez mais, as armas tornaram-se nossa obsessão. Não conseguíamos falar em outra coisa. Agora que tínhamos uma pistola e uma coleção de barras de ferro, descobertas no sótão do monastério, iríamos de fato usá-las?

Numa tarde, através de um nevoeiro de fumaça de cachimbo, analisamos um plano para novo ataque. O objetivo seria desmantelar os veículos em frente à minha janela, para deixá-los inúteis. Dois de nós trabalhariam nos carros, removendo telas de radiador, tirando e arrebentando peças do motor, enquanto outros distrairiam o guarda com conversas: "Hum, seu guarda, tem fogo? Não entende dinamarquês? Me desculpe, senhor. Ah, como é que se diz 'fósforos' em alemão?".

■ Veículos alemães ao redor da Praça Budolfi,
como eram vistos da janela do quarto de Knud.

Se o guarda percebesse a operação, um quarto membro do clube, escondido debaixo de um dos carros, deslizaria por trás dele e acertaria sua cabeça com uma barra de ferro. Ou, alguém sugeriu, talvez fosse melhor um golpe no pescoço. De qualquer modo, nós o mataríamos. Uma vez morto, o arrastaríamos para debaixo de um dos carros. Ficou combinado. Tiramos na sorte para ver quem acertaria o guarda. O vencedor – ou perdedor – sentou-se e girou a barra nas mãos repetidas vezes, tentando se visualizar usando-a.

Mas não fomos adiante. Dois membros, que não estavam presentes durante o planejamento, discordaram ao ouvi-lo. "Atingir um homem por trás? Não somos disso! Isso viola nosso código. É covardia, mesmo que o alvo seja um alemão!"

Lá atrás, quando começamos o clube, todos nós votamos que poderíamos e iríamos matar. Mas quando chegou a hora, estávamos lastimavelmente despreparados. Éramos garotos de classe média, filhos de profissionais, meninos que nunca haviam disparado uma arma, empunhado um bastão ou cortado uma garganta. Não tínhamos treinamento militar; éramos jovens demais para ingressar no exército e, de qualquer modo, nosso exército mal existia àquela altura. Não tínhamos experiência com as sensações envolvidas no ato de tirar uma vida. Um recruta militar típico passava por um treinamento básico ou por um campo de treino, no qual sua personalidade era despida até o talo, dessensibilizada para aceitar o horror da guerra como parte da função e reconstruída como a de um guerreiro. Para nós, jovens patriotas tendo que nos inventar e treinar enquanto agíamos, levaria mais tempo e preparo até estarmos prontos para matar.

Assim, a missão "carros da Budolfi" foi adiada, mas não descartada. Teríamos, apenas, que trabalhar nela. Mas nossa missão abortada foi uma decepção amarga, especialmente quando Jens recebeu uma carta codificada de nosso primo Hans Jøergen, em Odense. Por segurança, Jens e Hans Jøergen tinham desenvolvido um código para a troca de boletins de guerra. Maria Antonieta tinha usado o mesmo padrão de código, que os dois modernizaram para que pudesse ser decifrado com as palavras "A Dinamarca espera que todo homem cumpra com o seu dever".

Veículos alemães destruídos pela ação do Clube RAF, Odense.

Hans Jøergen escreveu que o Clube RAF tinha acabado de destruir quinze carros alemães em Odense, exatamente o que tínhamos deixado de fazer na Praça Budolfi. Os detalhes eram imprecisos, mas estava claro que Hans tinha sido o líder. O alvo foi um estábulo de cavalos de equitação adaptado, cheio de automóveis alemães e outros materiais bélicos. Eles atacaram na noite de uma reunião de escoteiros que durou o dia todo. Hans Jøergen – um escoteiro – tinha passado o dia vestido com seu uniforme completo, empenhado em participar das atividades de grupo, de modo que todos o vissem e se lembrassem de tê-lo visto ali.

Logo depois de escurecer, ele se esgueirou para fora do saguão da assembleia e foi de bicicleta até o estábulo. O guarda, normalmente posicionado em frente à porta, tinha sido retirado por uma simpatizante do Clube RAF, uma menina que havia flertado com ele, levando-o para longe do posto. Hans Jøergen entrou na ponta dos pés e, usando uma espécie de bomba caseira, incendiou uma quantidade de palha. Depois, anonimamente, telefonou para o corpo de bombeiros comunicando um incêndio no lado oposto de Odense. Em seguida, ainda de uniforme, correu de volta para a reunião de escotismo, para se juntar novamente a seus colegas. A brigada de incêndio mordeu a isca e ressoou a sirene para o canto errado da cidade. Todos aqueles lindos conversíveis, relatou Hans Jøergen em sua mensagem a Jens, tiveram mais de uma hora para queimar e virar esculturas de aço carbonizadas.

Foi um golpe ousado. Hans Jøergen afirmava, orgulhoso, que o Clube RAF tinha passado à frente do Clube Churchill. Não tínhamos argumentos para oferecer. Tudo o que podíamos fazer era tentar igualá-los.

Um corredor interno no Monastério do Espírito Santo, uma antiga construção espalhada, perfeita para encontros secretos.

6

Às armas

À MEDIDA QUE A NEVE começou a derreter na primavera de 1942, o Clube Churchill expandiu-se para uma força com quase vinte membros, ativos e passivos. Embora eles continuassem a procurar alvos depois das aulas, fizeram mais investidas noturnas, sobretudo contra veículos alemães, realizadas enquanto estavam, supostamente, jogando *bridge*. Um dos mais importantes membros novos ativos era Uffe Darket, que Eigil conhecia de outra escola. Manteve o contato com Uffe quando foi transferido para a Escola Catedral e recomendou-o para o Clube Churchill. Num primeiro momento, ninguém tomaria o rapaz por um sabotador, porque estava sempre impecavelmente vestido, era respeitoso e agradável. Loiro, de boa aparência e comportamento equilibrado, inspirava calma e confiança. Mas, como os outros, era corajoso e dedicado. E estava furioso. Foi rapidamente aceito.

Knud e Jens Pedersen esforçaram-se para manter o Clube Churchill escondido do restante da família. Ambos sabiam que, se seus pais tivessem a mínima ideia do que estava acontecendo, mudariam-se para impedi-los. Sob certos aspectos, não era tão difícil manter esse segredo; seus pais, Edvard e Margrethe, estavam absortos nos inúmeros detalhes do trabalho na igreja. Sua irmã menor, Gertrud, tinha tão pouco interesse na vida de Jens e Knud quanto eles na dela. Os irmãos menores, Jørgen e Holger, ainda estavam na escola primária.

Ajudou que os quartos de Jens e Knud – sede do Clube Churchill – ficassem no alto de uma escada, isolados do restante das acomodações da família. Durante suas reuniões, os meninos tomavam o cuidado de colocar um vigia à porta de Jens, para ter certeza de que ninguém subia a escada. De modo geral, os pais Pedersen estavam encantados com o fato de seus filhos fazerem novos amigos com tanta rapidez depois da mudança para Aalborg.

Da mesma maneira, a maioria dos alunos da Escola Catedral não fazia ideia do que estava acontecendo. "Knud Pedersen lutava", um colega escreveu mais tarde. "Logo ele juntou à sua volta um bando de meninos da classe. Eles passavam a maior parte do tempo no pátio da escola como um grupo fechado, sem que o restante de nós soubesse por quê." O corpo docente da Escola Catedral continuou a trabalhar com seus alunos, preparando-os para as provas intermediárias, alheios ao drama maior em que alguns deles estavam envolvidos.

Mesmo quando o clube foi se tornando mais e mais eficiente no roubo de armas, eles continuaram tentando fabricar seus próprios explosivos. O "Professor" – Mogens Fjellerup – do Clube Churchill transformou um cômodo elevado no segundo andar do monastério em laboratório. Ali, misturava produtos inflamáveis, contrabandeados da sala de química da Escola Catedral. No começo, eles fracassaram repetidas vezes. Mas, cada vez que erravam, o Professor sentia que estava chegando perto.

KNUD PEDERSEN: Às vezes, todo o segundo andar ficava denso de fumaça e, engasgados, tínhamos que correr para abrir as janelas do andar superior. O Professor estava tentando fazer pequenas bombas artesanais para jogar dentro dos motores dos carros alemães estacionados. Por um tempo, elas apenas faziam *psssst*, e tínhamos que tirar as telas do radiador e arrebentar os motores com ferramentas comuns. Mas o Professor insistiu. Era do tipo silencioso, que dava apenas um leve sorriso quando o restante de nós se dobrava de rir.

Inventávamos nossas operações enquanto agíamos, às vezes correndo riscos que não deveríamos ter corrido, mas não tínhamos uma estrutura formal de comando. Invejávamos demais uns aos outros para nomear ou eleger um líder. Depreciávamos uns aos outros. O Professor corou quando Eigil insistiu que suas bombas não o qualificavam para uma filiação plena no Clube Churchill. Ele teria que roubar uma arma, como todo mundo. Outros reforçaram.

"É, de qualquer modo, suas 'bombas' nunca funcionam."

"Que gênio!"

O sarcasmo era tão duro quanto as paredes do monastério, mas tínhamos fé uns nos outros, e nossa missão mantinha-nos juntos. Nosso propósito era implementar "condições norueguesas" – a coragem de resistir – em nosso país. A Dinamarca resistiria, quer o governo gostasse ou não.

Várias vezes por semana reuníamo-nos no quarto de Jens, fazíamos a chamada e depois saíamos em nossas bicicletas. Dividimos a cidade em quadrantes e patrulhávamos, às vezes em duplas, às vezes sozinhos. Inspecionávamos os veículos alemães estacionados e passávamos zunindo pelos postos da Wehrmacht, buscando bens alemães para destruir e armas para roubar. Às vezes, não conseguíamos nada. Em geral, havia algo.

Durante uma dessas missões rotineiras de reconhecimento, passei por uma caserna alemã e vi algo que fez meus olhos quase saltarem das órbitas. Era quase bom demais para ser verdade! Levantei-me do banco da bicicleta e pressionei os pedais, desabalando pela cidade, reunindo os outros e dizendo para voltarem imediatamente para o monastério. Em questão de minutos estávamos no sofá de Jens, com o tabaco de Børge cintilando em nossos cachimbos, uma cadeira travando a porta, e todos os olhos voltados para mim.

"E aí? O que é tão importante?", veio a pergunta.

"O importante é que eu encontrei um belíssimo rifle alemão pendurado na cabeceira de uma cama, no quarto de uma caserna. A janela está escancarada. Está ali à nossa disposição. Agora é a nossa chance."

Todos concordaram unanimemente; tínhamos que tê-lo. "Vamos esperar a noite", alguém disse. Mas o restante de nós sabia que tínhamos que agir na hora, em plena luz do dia. As ruas estariam cheias, dando-nos cobertura. O prédio estava sem vigilância, ou pelo menos havia estado uma hora antes. À noite, haveria um alemão naquela cama. Agora, havia apenas um rifle.

Não, nosso ataque seria de dia. Mas, se conseguíssemos pegar o rifle, teríamos que o esconder enquanto o levássemos para o monastério. Um menino dinamarquês não poderia simplesmente ser visto pedalando alegremente pelas ruas de Aalborg, cheias de soldados da Wehrmacht, com um rifle alemão pendurado no ombro. Sendo assim, tínhamos que elaborar um plano para capturá-lo, e outro para levá-lo.

Nossa operação pedia três meninos e uma capa de chuva. Eram cerca de 3 horas da tarde quando Børge, Mogens Thomsen e eu chegamos à caserna. Rodamos o quarteirão algumas vezes, só para avaliar a movimentação do trânsito e para ter certeza de que não havia guardas alemães postados. Ainda estava claro. Na terceira volta, Mogens deixou-se ficar um pouco para trás, enquanto Børge e eu seguíamos, ele carregando a capa. Próximo à caserna, largamos as bicicletas atrás de uma árvore. A caserna era cercada com arame farpado, mas os fios eram bem separados e fáceis de atravessar. Segurei a cerca aberta para Børge, depois entrei e andei lentamente até a janela. O rifle continuava ali, pendurado por um cinturão na cabeceira de uma cama vazia. Mas no quarto ao lado, de costas para nós, um soldado alemão ocupava-se em limpar suas janelas com um paninho! Não tinha nos visto – ainda.

Ficamos paralisados e esperamos nossos corações se acalmarem. Depois, trocamos gestos de concordância com a cabeça, e parti para a ação. Deslizei para o canto da edificação, aproximei-me da janela lentamente e me estiquei para pegar o rifle. Coloquei a mão sobre ele, tirei-o da cabeceira da cama e passei-o para Børge. A arma era quase tão comprida quanto ele, mas Børge embrulhou-a na capa e começou a se afastar, não correndo, apenas num passo firme e regular. Ao recuar, pude ouvir o alemão ali ao lado, ainda chacoalhando o cômodo com a fúria com que limpava a janela. Num instante, já tínhamos passado de volta pela cerca, e Mogens estava com o rifle na bicicleta, embrulhado na capa. Um carteiro e duas mulheres encaravam-nos da rua enquanto dávamos o fora. Meu olhar cruzou com o de uma das mulheres. Seus olhos me diziam que ela vira tudo. Parecia em conflito. Eles começariam a gritar ou permaneceriam calados? Não ficamos por ali para defender nossa posição, mas não escutamos nenhum tipo de alerta atrás de nós ao sairmos pedalando.

Voltamos para o monastério por ruas estreitas. Repetidas vezes, Mogens precisou parar para reacomodar a capa, porque as duas pontas do rifle ficavam de fora. Quando o monastério apareceu, assobiamos anunciando nossa chegada, jogamos as magrelas de encontro ao portão e corremos para dentro com o embrulho. Abaixamos a capa na cama de Jens e desembrulhamos o prêmio. Era um belo rifle, a coronha polida e o cano limpo. Agora, tínhamos uma arma relevante, uma máquina mortífera de longo alcance. Teríamos que esclarecer o que aquilo significava, mas não imediatamente. Nós três estávamos exaustos. Marcamos uma reunião para a tarde seguinte. Seria a mais importante até então.

No dia seguinte, o Clube Churchill teve casa cheia. A reunião começou com um relatório detalhado do resgate do rifle, desde o nazista limpando a janela até as testemunhas. Todos seguraram a arma, olharam seu cano, sentiram o peso equilibrado da máquina mortífera e imaginaram

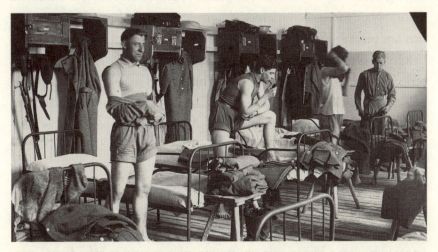

■ Caserna de um corpo de voluntários do exército dinamarquês, que ajudou o exército alemão na área de segurança e prevenção a sabotagens.

um nazista em seu campo de visão. Todos os meninos compartilharam a satisfação de pelo menos uma boa arma ter mudado de lado.

Então, a discussão ficou mais séria.

KNUD PEDERSEN: Tínhamos feito algo diferente no dia anterior, mais significativo do que qualquer coisa que já havíamos feito. Sim, a pistola que havíamos roubado do carro alemão, no centro, era importante, mas uma pistola possibilita apenas alguns tiros a curta distância. Um rifle nos permitiria emboscar, atacar ou cobrir uns aos outros a longa distância.

Tínhamos chegado a uma encruzilhada. A questão diante de nós era: deveríamos seguir pelo mesmo caminho, vandalizando e destruindo propriedades alemãs, ou agora a tarefa principal dos membros do Clube Churchill deveria ser constituir um depósito secreto de armas e treinar para usá-las contra os ocupantes alemães? A escolha desta última opção não significaria que deixaríamos de queimar seus carros e instalações, mas que nossa nova ênfase seriam as armas.

Foi uma discussão acalorada, com a participação de todos, exceto do Professor, que raramente dizia alguma coisa. Mas no final concordamos que, se nosso objetivo fosse acordar a Dinamarca, precisaríamos conseguir armas e, à medida que nossas operações evoluíssem em escala e complexidade, precisaríamos de armamento de fogo para proteger uns aos outros. Por fim, caso a guerra virasse a nosso favor e as tropas britânicas viessem para nos libertar do domínio da Alemanha, não seria incrível ter armas para dividir com elas no dia em que suas forças bélicas chegassem? Com armas, poderíamos lutar lado a lado com nossos aliados. No final, éramos um só coração; nas palavras do hino nacional francês: "*Aux armes, citoyens!*". "Às armas, cidadãos!" Armas! Precisávamos conseguir armas!

Mas onde encontrá-las? Um garoto propôs que, se nós simplesmente continuássemos dando voltas de bicicleta, outras armas apareceriam. "Vejam o que acabou de acontecer com o Knud", ele disse. Outro contrapôs com a história de um menininho que tinha achado um passarinho morto. Enterrou o passarinho e, orgulhoso, fez um cemitério para mais pássaros mortos. Então, partiu para encontrar outros. Mas não conseguiu. Encontrar o primeiro passarinho tinha sido um evento único, um golpe do acaso e da sorte. O cerne da história era que, se quiséssemos constituir um arsenal de armas, não poderíamos apenas confiar na sorte; tínhamos que pensar estrategicamente sobre onde as armas alemãs estavam concentradas e como consegui-las.

Fizemos uma lista dos locais mais prováveis de concentração dos alemães, de onde se poderiam roubar armas. Sempre havia oficiais alemães nas confeitarias do centro. As estações de trem eram bons lugares para conseguir caixas de munição. A zona costeira fervilhava de soldados armados. E agora que o tempo estava esquentando e as janelas tendiam a ficar abertas, uma inspeção regular nas casernas alemãs seria uma necessidade.

Organizamos as patrulhas do dia seguinte e encerramos nossa reunião para ir para casa estudar para as provas intermediárias.

Desfile de soldados alemães.

7

Chantilly e aço

NA PRIMAVERA DE 1942, AALBORG, com seu aeroporto e ancoradouro, tinha se tornado uma estação intermediária para muitos milhares de soldados alemães a caminho da Noruega, para salvaguardar carregamentos de minério de ferro das minas suecas para fábricas alemãs. Hitler também usava Aalborg como um lugar de descanso e recuperação dos soldados alemães que guerreavam contra a União Soviética no brutal *front* leste, onde a luta havia começado no verão anterior.

O *front* leste da Segunda Guerra Mundial assistiu ao início do conflito numa escala colossal em junho de 1941, quando o exército de Hitler invadiu a Rússia. A campanha opôs as potências do Eixo Europeu – lideradas pela Alemanha – e a Finlândia contra a União Soviética, a Polônia, a Noruega e outras forças Aliadas. Foi o maior confronto militar da história. Houve batalhas ferozes, marcadas pela destruição em larga escala, e imensas perdas de vida tanto em combate quanto por fome, exposição, doenças e massacres. Das estimadas 70 milhões de mortes atribuídas à Segunda Guerra Mundial, mais de 30 milhões, incluindo as de civis, ocorreram no *front* leste.

Todo soldado alemão retirado do *front* leste para descansar e se recuperar em Aalborg tinha que agradecer aos céus.

Dia a dia, os soldados alemães entravam e saíam da cidade. Muitos eram destinados à Noruega, dormindo algumas noites em alojamentos improvisados, montados em escolas e igrejas, até serem mandados para navios de transporte. Cada um deles estava armado, e cada arma era, agora, objeto de interesse para o Clube Churchill. Os meninos no clube logo descobriram que eram tão bons no roubo de armas quanto em provocar incêndios. "Conseguir armas não era difícil", um dos meninos lembrou-se mais tarde. "Abordávamos soldados depois de um desfile, ou em uma estação de trem, e, enquanto eles eram distraídos por alguns de nós numa conversa amigável, os outros roubavam os rifles que eles tinham deixado encostado em uma parede ou algum muro."

KNUD PEDERSEN: Dia a dia aumentava nosso arsenal de facas, armas de fogo e baionetas. Elas eram escondidas no porão do monastério, e o tempo todo descíamos para checá-las. Nossos pais nunca perceberam. A mãe e o pai estavam assustados com a piora das minhas notas, mas felizes em me ver fazendo novos amigos; provavelmente tomaram como um bom sinal o fato de passarmos tanto tempo no monastério, e não na casa de outra pessoa.

Os alemães continuavam chegando em Aalborg. As filas dos seus veículos ao longo das ruas ficavam cada vez maiores. Eles fizeram do melhor hotel da cidade, o Hotel Phoenix, seu centro de comando.

■ Aviões alemães sobre o Limfjorden.

Nas docas, observávamos centenas de soldados alemães marchando para o porto de Aalborg e descendo para o fundo de velhos navios de carga, destinados à Noruega. Por mais que odiássemos os alemães, era difícil não ter um pouco de pena dos soldados comuns que se dirigiam para a batalha. Vários deles não pareciam muito mais velhos do que nós.

Quando um navio estava totalmente cheio, estendia-se uma rede sobre a parte de cima do casco, para que os corpos não viessem à superfície caso a embarcação fosse afundada pelos torpedos dos submarinos britânicos, que ficavam à espera logo depois do Limfjorden (Fiorde de Lim). Na verdade, passou a ser mal visto comer agulhão, um peixe verde, porque se dizia que sua cor vinha dos soldados alemães afogados em uniformes verdes.

Passávamos muito tempo no cais, montados nas bicicletas, braços cruzados sobre os guidões, perscrutando como aves de rapina em busca de armas largadas desprotegidas pelos soldados alemães que embarcavam em seus navios. Às vezes, os soldados deixavam as armas no chão, a nosso alcance, e nós as agarrávamos como gaivotas em busca de migalhas. Os oficiais da Marinha estavam sempre acenando os braços e gritando para darmos o fora dali, mas nunca atiraram em nós. Fugíamos em plena velocidade, e voltávamos no devido tempo.

O foco nas armas simplificou nosso trabalho. Sabíamos o que buscávamos. Ficamos mais ousados. Um dia, alguns de nós viram o carro de um oficial alemão deixar de funcionar no meio de uma rua do centro. O motorista, exasperado, saiu do carro e foi enfurecido até a frente para girar a manivela e fazer o motor voltar a funcionar. Enquanto fazia isso, Børge correu para a porta aberta do carro, agarrou a baioneta que pendia de um gancho lá dentro e foi embora.

Não estávamos atrás apenas de armas pequenas; também tínhamos olhos grandes. Uma noite, vários de nós pedalavam pela Ponte Limfjorden até Nørresundby, com o objetivo de destruir um canhão antiaéreo, chamado pelos alemães de canhão Flak. Ele estava ousadamente posicionado na área de embarque do porto, seu grande e longo cano sempre virado para o céu, à vista de todos nós. Mas, com toda sua importância, não era vigiado à noite. Nosso plano era erguê-lo da base em formato de caixa, descer com ele até o cais e empurrá-lo para dentro do Limfjorden.

Já o tínhamos erguido da base e acabávamos de nos acomodar com seu peso quando escutamos o apito do nosso vigia. Largamos o monstro e nos dispersamos. A ameaça revelou-se um ciclista dinamarquês comum. Dando um sermão no vigia por nos alertar por algo tão insignificante, voltamos à base e tornamos a erguer o canhão. Cambaleando, conseguimos descer quase metade do caminho até o cais, quando escutamos outro apito. Dessa vez, era um guarda alemão, e podíamos ver o cano do seu rifle apontando na mochila enquanto ele, atento, fazia suas rondas. Não havia nada mais a ser feito. Largamos o canhão e voltamos aos saltos para nossas magrelas, xingando os alemães em voz alta, usando pés de cabra e martelos para arrebentar as janelas das instalações deles enquanto íamos embora. Obviamente, ele nos escutou e veio atrás de nós. Revelou estar em ótima forma! Corremos feito loucos, largando as bicicletas, o guarda berrando para que parássemos e dando tiros para o ar. Naquela noite, ficamos em Nørresundby, em vez de nos arriscar a passar pela ponte, e na manhã seguinte voltamos sorrateiramente para recuperar nossas bicicletas.

Mais tarde, em março, os meninos roubaram centenas de cartuchos para seu novo rifle de um caminhão de entrega no armazém ferroviário, de longe o melhor lugar para se encontrar munição. Eles continuaram a pegar pistolas e baionetas de carros que passeavam com pouca vigilância e de casernas com as janelas abertas.

KNUD PEDERSEN: Eram os restaurantes que davam a colheita mais farta. Os alemães tinham passagem livre por todo o centro de Aalborg e, de fato, assumiram seu controle. De botas, capacete e fortemente armados, compravam carne, vegetais, vinho e tabaco ao lado de dinamarqueses comuns. Era difícil ficar à vontade junto deles em uma loja pequena, ou defender seu lugar na fila contra brutamontes armados. Os comerciantes

Kristine, uma *konditori* [confeitaria] em Aalborg, onde os oficiais alemães reuniam-se com frequência.

que vendiam para eles eram insultados por muitos como traidores. Esses lojistas não se incomodavam; era preciso ganhar dinheiro.

Nossos ocupantes eram loucos pelas tavernas e restaurantes locais. Os dinamarqueses são famosos pelas suas tortas e folhados, e os oficiais alemães logo descobriram a *konditori* [confeitaria] Kristine, considerada a melhor de Aalborg. Kristine era famosa em toda a cidade pelos bolos com chantilly leves e deliciosos. Homens do Terceiro Reich tiravam o chapéu, penduravam os casacos e as armas na chapelaria, e se acomodavam nos sofás vermelhos almofadados até serem chamados para suas mesas. Os oficiais, então, sentavam-se em cadeiras de madeira de encosto alto e estofadas, faziam os pedidos e estendiam sobre o colo guardanapos impecáveis, de linho. Isso com certeza superava o *front* leste.

Uma noite, quatro de nós passamos pela recepcionista na porta principal e entramos na chapelaria desprotegida da Kristine, no alto da escada. Pendurada nos cabides havia uma confusão de casacos elegantes de lã, com as mangas para fora. Os chapéus estavam na prateleira acima. Alguns comandantes também haviam pendurado nos ganchos seus cintos com coldres. Nossa grande esperança era que alguns coldres ainda contivessem pistolas alemãs, chamadas Lugers. Dois de nós ocuparam-se de um lado do *closet*, e os outros dois, do outro, revirando os coletes pesados de lã o mais rápido possível. De tempos em tempos alguém encontrava um cinturão para arma com o coldre vazio, mas o sucesso era ilusório. Os outros já tinham voltado para fora quando meus dedos deram com uma pistola preta reluzente. Eu a estava virando nas mãos repetidamente quando senti alguém remexendo as mangas dos casacos, vindo em minha direção. Enfiei a arma no bolso e passei por um oficial alemão com um sorriso educado e um ligeiro inclinar de cabeça. Antes que ele pudesse reagir, eu já tinha ido.

Instantes depois, fui cercado na rua pelos outros três membros do Churchill.

"O que houve?"

"Só isto", respondi.

Metralhadora roubada.

Um a um, eles enfiaram a mão no meu bolso e apalparam o magnífico prêmio. Ao voltarmos para o monastério, joguei sobre a mesa a Luger brilhante e preta e dois carregadores completos.

O maior triunfo para o clube foi uma questão de sorte e persistência. Uma tarde, os meninos estavam pedalando pelo porto quando Knud notou dois alemães parados em uma plataforma de observação, olhando para além do cais com um binóculo. A cerca de cinquenta metros atrás deles havia uma caserna, com duas janelas abertas. Knud rodeou-os por trás e pedalou para perto do prédio. Ali, pelas janelas abertas, havia uma metralhadora à mostra sobre um catre. Os meninos não tinham armas automáticas, portanto aquilo levaria uma nova dimensão ao clube. Sob vários aspectos, a tarefa parecia o roubo do rifle, mas havia diferenças importantes.

KNUD PEDERSEN: Mesmo a distância, a metralhadora parecia pesada e volumosa demais para ser transportada numa bicicleta. Além disso, os dois soldados de sentinela estavam perigosamente perto da caserna, mas, pelo menos, podíamos ver onde eles estavam.

Børge e eu voltamos para o monastério e pegamos um triciclo com um carrinho atrás. Pedalamos de volta ao porto e o largamos o mais perto possível da caserna. Depois, entrei pela janela aberta e passei a pesada arma semiautomática para Børge, que estava do lado de fora. Eu estava prestes a pular para fora quando notei duas sacolas de lona no quarto, uma maior do que a outra. Imaginei que a mais pesada deveria conter a munição, então também a passei para o lado de fora, e partimos. Chegamos à base da colina, e então batemos o triciclo, derrubando a arma na estrada. Olhamos para trás, apavorados, mas os soldados continuavam intensamente focados no porto.

Levamos o material para uma cabana de escotismo próxima e esvaziamos o conteúdo da sacola. A arma era magnífica e havia muitas balas, mas tinha um problema: não havia carregador, a câmera que segura um suprimento de cartuchos para alimentar automaticamente a arma. Sem um carregador, as balas não podiam chegar até ela, e a maldita coisa ficava inútil. Nosso encontro depois da aula foi às gargalhadas.

"Que grande membro da resistência você é!"

"Exatamente o que precisamos! Uma coleção de balas!"

Mas isso deixou às claras, mais uma vez, uma verdade nua e crua: não tínhamos experiência com armas. A maioria de nós nem sabia o que era um carregador. Decidimos que não era seguro voltar para buscá-lo, uma vez que eles, certamente, estariam à procura de quem tivesse roubado a arma. Tínhamos que pôr isso na conta da experiência.

Mas eu não me conformava. No dia seguinte, voltei e roubei a outra sacola de lona, que, de fato, continha os carregadores. No quarto também havia uma xícara de café que não estava ali no dia anterior e uma caixa trazendo a palavra "*Krautkasten*" escrita em cima. Deduzi que "*Krautkasten*" significasse "pólvora" ou algo parecido. Agarrei-a também, e levei-a para o monastério. Quando a abrimos, com o coração aos pulos, encontramos roupas de baixo sujas. Krautkasten era o nome do soldado que vivia no quarto.

Em meados de abril de 1942, o clube tinha acumulado um arsenal de facas, baionetas, pistolas, rifles e, é claro, a metralhadora. Sem treinamento militar, e sem poder confiar em ninguém, todos os meninos esforçaram-se para aprender a atirar.

KNUD PEDERSEN: Todo domingo, pela manhã, Jens e eu praticávamos tiro com as armas no gigantesco sótão aberto no alto do monastério durante os cultos da igreja do meu pai. Deitávamos de bruços, esperando o crescendo da música do órgão, e então disparávamos, apontando para alvos colocados no feno, do outro lado do sótão. A metralhadora era uma Schmeisser, arma que as forças alemãs tinham usado para atirar em milhares de pessoas inocentes durante a guerra. Vinha com um tripé. Uma regulagem permitia que a pessoa disparasse um tiro por vez, o que, nas nossas circunstâncias, era útil, pois um hino podia subitamente diminuir ou acabar por completo.

Nunca nos cansamos de manusear as armas. Várias vezes, tiros eram disparados por acidente enquanto estávamos apenas nos distraindo no quarto de alguém, quase pondo fim em um ou vários de nós.

Eigil, de fato, meteu uma bala na calça numa tarde, no quarto de Jens. Por sorte, o projétil não atingiu sua perna e não havia ninguém do resto da família em casa para ouvir o estampido.

No final de abril, tínhamos cerca de vinte armas ao todo e 432 balas. Dividimos a munição. Fiquei com 112. Sempre tínhamos pistolas no bolso quando saíamos em missão, mas essas armas eram devolvidas ao monastério no final do dia. Uma das nossas regras principais era que ninguém poderia levar armamento para a escola.

Sabíamos que, se a polícia chegasse a nos flagrar com armas alemãs, seria o fim. Depois de um tempo, pareceu insano manter todo o arsenal em um único lugar. Decidimos dividir as reservas, escondendo parte delas no monastério e parte em algum lugar longe. Helge Milo, que vivia no subúrbio próximo de Nørresundby, ofereceu-se para guardar algumas das armas no jardim da sua família. A ideia era tentadora, exceto que, de algum modo, teríamos que transportá-las pela Ponte Limfjorden, com postos de revista nas duas extremidades – aquela que tínhamos atravessado para executar o serviço na Fuchs, no aeroporto, cerca de um mês antes.

Ninguém conseguiu apresentar um plano melhor. Assim, uma noite, embalamos Helge com armas do monastério, prendendo pistolas em seu dorso e enchendo sua roupa com munição. Ao terminarmos, afastamo-nos e olhamos para ele. Dava para ver o contorno de um rifle através da perna da calça. A metralhadora estava debaixo da sua jaqueta abotoada, fazendo-o se curvar quase ao meio sobre o guidão ao subir na bicicleta. A munição estava escondida em caixas, sob um casaco no bagageiro. Era o melhor que conseguíamos fazer. Colocamos três membros do Churchill em cada lado da ponte.

Nervosos, nós, no monastério, pusemos Helge para fora e assistimos enquanto ele seguia seu caminho em direção à ponte, suas primeiras pedaladas vacilantes fazendo com que parecesse uma criança aprendendo a andar de bicicleta. De tempos em tempos, ele precisava desmontar e caminhar alguns passos, com as pernas rígidas por causa do rifle. Era desajeitado para ele subir de volta. Aquilo não parecia bom. O que aconteceria quando ele chegasse à ponte fortemente vigiada? E se alguém pedisse um documento de identidade e o revistasse? De algum jeito, ele atravessou o primeiro posto de revista. Os três membros do Churchill que esperavam por ele no lado Nørresundby, de início, caçoaram da sua postura curvada e da sua perna dura quando ele se aproximou, mas a risada morreu rapidamente quando eles também perceberam que aquilo era um assunto sério, e talvez decisivo.

Os trios do Clube Churchill nas duas extremidades da Ponte Limfjorden prenderam coletivamente a respiração quando seu camarada Helge, acondicionando bens duramente conquistados, cambaleou ao se aproximar do segundo posto de fiscalização na outra extremidade, parou e foi autorizado a seguir. De algum modo, ele havia conseguido!

Desenho de Knud do material de arte que atravancava seu quarto no Monastério do Espírito Santo.

8

Uma noite sozinho

KNUD PEDERSEN: Certa noite, depois de um encontro especialmente turbulento do Clube Churchill, sentei-me no meu quarto com a porta fechada e tentei fazer minha cabeça parar de rodar. Era curioso como, de repente, o velho monastério podia passar de balbúrdia a silêncio quando o último membro fechava a porta ao sair. Esfreguei as mãos uma na outra para esquentá-las. Não havia carvão suficiente na Dinamarca para aquecer aquele lugar.

Olhei ao redor dos meus aposentos. O espaço onde eu vivia era, na verdade, mais um estúdio do que um quarto. Havia telas empilhadas nos cantos e esboços espalhados por todo o chão. Pincéis emergiam de águas turvas, em frascos que ocupavam quase todo o espaço plano. Eu pintava da mesma maneira que os outros moleques praticavam esportes. Paisagens, retratos e abstrações cobriam as minhas paredes, o teto, até as cortinas da janela. Eu tinha pintado metade de uma cena na minha escrivaninha; agora, percebia que ela nunca tinha sido terminada.

Meus pais guardavam dinheiro para mandar Jens – o menino prodígio da família – para a faculdade. E quem poderia culpá-los? Jens já era respeitado como o melhor aluno de matemática da Escola Catedral. Mas eles também fizeram algo especial para mim. Quando nos mudamos para Aalborg, meu pai abriu uma conta em meu nome na loja de arte local. Eu podia comprar todos os pincéis, cavaletes e tubos de tinta que quisesse. O resultado era que eu mal conseguia me mexer naquele quartinho sem enfiar o pé em uma tela ou derrubar um frasco.

Mas, naquela noite, não tive vontade de pintar. Havia coisas demais para pensar. A guerra obscurecia tudo. Abri a cortina da janela: o que todos aqueles carros estavam fazendo na Praça Budolfi? As fileiras de veículos estavam ficando cada vez maiores. Será que logo eles estariam num navio de transporte para a Noruega, e depois em outro para atravessar o Mar do Norte? Os alemães estariam se organizando para invadir a Inglaterra? Olhei para o soldado alemão que vigiava a agência de correio. Ele dividia um turno de 24 horas com dois outros soldados. Todas as vezes em que eu olhava para fora, via um deles.

Minha mente divagou. Como seria a minha vida, caso a Alemanha ganhasse? Se Hitler conseguisse o que queria, faríamos parte de um *Überreich*, ostentado para o mundo como uma raça superior, com os vencidos obrigados a trabalhar como escravos para satisfazer seus senhores. Se os malditos nazistas ganhassem, o Clube Churchill, ou algo igual a nós, teria que ser ainda mais secreto. Alguém teria que manter a esperança viva. Seríamos forçados a continuar resistindo em um país ocupado depois da guerra.

Gostaria de ter alguém com quem conversar sobre tudo aquilo. Claro, Jens era meu irmão e ele compartilhava o perigo do nosso trabalho, mas não era alguém com quem eu pudesse me abrir. Competíamos em tudo. Chegava a ser ridículo. Em Odense, nós dois nos apaixonamos por uma estrela de cinema americana, Deanna Durbin. Tínhamos uma foto dela, e ele a rasgou ao meio, para que nenhum de nós pudesse tê-la para si. O mesmo aconteceu com nosso toca-discos, um gramofone. Ele tinha uma manivela removível para fazer o aparelho funcionar. Eu ficava com o disco de Deanna Durbin cantando, e Jens, com a manivela. Só podíamos ouvi-la se estivéssemos juntos – a última coisa que queríamos.

Børge tinha o meu senso de humor, mas era jovem demais e não frequentava a minha escola. Eu não era tão próximo dos outros no Clube

■ Deanna Durbin.

Churchill, ainda que a maioria estivesse no meu ano. Compartilhávamos uma paixão comum por despertar a Dinamarca; isso bastava.

Não, eu queria abrir meu coração para alguém especial. Grethe Rørbæk era uma aluna do 9º ano, como eu. Alta e loira, não usava maquiagem, mas tinha uma beleza natural e um sorriso maravilhoso. Embora estivesse no meu ano, eu não tinha aulas com ela; ela estava na turma avançada, e eu, no grupo B. O mais perto que já havíamos estado de trocar uma palavra foi num dia mágico, quando nossos caminhos se cruzaram no pátio, num intervalo de aulas. Ela estava com uma caixa de sanduichinhos e parou para me oferecer um. Não consegui dizer uma palavra. Na verdade, fiquei tão perturbado que nem mesmo voltei para a escola naquele dia. Fui para casa e me deitei no sofá do escritório do meu pai. Sem fazer perguntas, minha mãe me serviu chá quente e me fez companhia.

Minha timidez não me impedia de ter fantasias heroicas protagonizadas por nós dois. Uma delas acontecia na Praça Budolfi. O Clube Churchill tinha subido no alto da torre da igreja, e estávamos atirando granadas de morteiros e bombas na praça abaixo. Chamas erguiam-se dos veículos alemães, um carro incendiando o seguinte numa cadeia furiosa de pirotecnia. No momento mais glorioso, entrei na praça guiando um carrinho conversível. Levantei-me dentro do carro com um pé no assento, acenando uma pistola com minha mão livre. Àquela altura, a praça estava um inferno. Bombas e motores explodindo lançavam lâminas de luz brilhante, iluminando rostos assustados, chamuscados, espreitando das sombras. Dirigi atravessando uma chuva de balas. E subitamente, acima do zumbido do chumbo, escutei um grito vindo do andar mais alto de um prédio na praça. Olhei para cima e lá estava Grethe, parada, os olhos arregalados, suas doces mãos apertando a boca, sua forma esguia iluminada pelo fogo. Encaramo-nos em mútua compreensão, e então a perdi de vista.

Em geral, a fantasia estourava por aí, esmagada sob o peso do seu próprio absurdo. A verdade lamentável era que eu nunca tinha tido uma conversa séria com nenhuma menina, nem mesmo com minha irmã, Gertrud. Quando cheguei na Escola Catedral, tentei impressionar as meninas entrando em brigas. Era assim que se conseguia *status* na minha velha escola, em Odense. Mas aquela era uma escola masculina, onde tudo era resolvido no braço, atrás da escola, perto da estátua do empresário Carl Frederik Tietgen. Agora, eu derrubava alguém com um soco, olhava em volta e via as meninas se afastando. Elas pareciam horrorizadas, não impressionadas. Finalmente, alguém me convenceu que eu me daria melhor com as garotas abrindo portas para elas e convidando-as para passar na minha frente na fila, ou imaginando como ajudá-las com seus casacos. Até então, depois de quase um semestre na Escola Catedral, aquilo não tinha sido nem um pouco mais proveitoso. Eu ainda estava a anos-luz do meu primeiro beijo, sem candidatas no horizonte.

Eram coisas demais para se pensar. Nós, do Clube Churchill, éramos corajosos, mas ingênuos e indisciplinados. Apenas alguns dias antes, num rinque de patinação, Jens tinha patinado atrás de um soldado alemão e chutado sua perna. O sujeito uivou de dor e saiu atrás de Jens, que foi perseguido e levado para a delegacia. Agora, seu nome estava inscrito em um registro daqueles que se opunham aos nazistas. Exatamente o que precisávamos.

E foi apenas por um grande golpe de sorte que Helge havia conseguido ultrapassar a Ponte Limfjorden com nossas armas, agora enterradas em seu jardim. O risco que havíamos corrido era além da conta? As quase falhas eram inúmeras. E se o soldado alemão que estava limpando as janelas tivesse se virado e me visto fugindo com o rifle? Eu teria tido que atirar nele? Saberia como? O rifle estaria, ao menos, carregado? E se a mulher na rua tivesse gritado pela polícia, enquanto saíamos pedalando? E se o oficial alemão da Kristine tivesse bloqueado com o corpo minha saída da chapelaria?

Mas havia pensamentos ainda mais sinistros entulhando meu cérebro em busca de um destaque, enquanto eu tentava relaxar no meu quarto. A irmã mais velha de Eigil era secretária na polícia de Aalborg. Ela era a única pessoa de fora que sabia a nosso respeito, e era bom ter uma espiã confiável inserida nas autoridades. No entanto, suas notícias não eram boas. O comando alemão tinha soltado um ultimato para a polícia dinamarquesa: Ou vocês identificam e prendem quem quer que esteja danificando nossa propriedade e roubando nossas armas, ou nós mesmos os encontraremos, com drásticas consequências para os criminosos. Se isso continuar, eles diziam, a infame força policial secreta do país, a Gestapo, assumirá o policiamento de Aalborg.

A irmã de Eigil disse que dois investigadores profissionais de elite haviam sido enviados de Copenhague, e agora, a cada dia, iam fechando o cerco. Uma testemunha do Café Holle – onde tínhamos roubado uma pistola alemã – e dois pescadores, que tinham nos visto roubando armas na orla, dirigiam os investigadores para a Escola Catedral.

"Parem agora", a irmã de Eigil implorou. "Sejam discretos." Ela e o irmão tinham um interesse pessoal muito forte em risco: a família deles era a única família judia entre os membros do Clube Churchill. Eigil temia que sua prisão pudesse levar à captura pelos nazistas e à morte de toda a sua família. De um dia para outro, deixou de nos incentivar a sair em missão diariamente, e passou a implorar para que parássemos. Seus nervos estavam à flor da pele, e suas emoções, muito turbulentas.

A última coisa que eu queria era ser discreto. Os noruegueses continuavam lutando e morrendo, e os dinamarqueses ainda cantavam músicas folclóricas e compravam distintivos reais. A Dinamarca continuava ocupada. A cada dia, os alemães pareciam mais à vontade em Aalborg. Se fosse para eu ser preso, queria que fosse lutando como o herói das minhas fantasias.

Chamas cintilaram do aquecedor minúsculo do meu quarto no monastério. O sentinela alemão em frente à minha janela continuava andando roboticamente, para lá e para cá. Finalmente, muitas horas depois do encerramento da nossa reunião, adormeci.

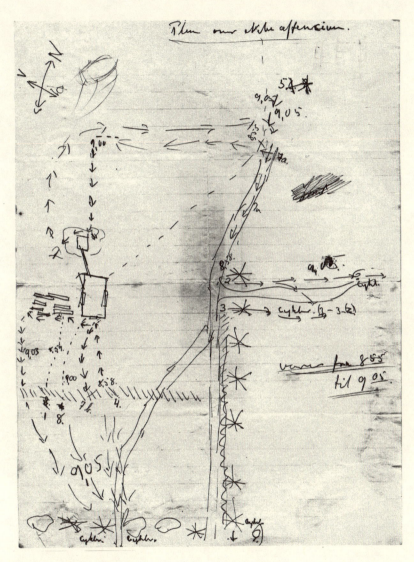
Diagrama de Knud do plano para o ataque de Nibe.

9

A Ofensiva Nibe

NO INÍCIO DE MAIO DE 1942, Børge decidiu por conta própria testar um novo recruta para o Clube Churchill. Talvez estivesse pensando em começar seu próprio clube; seus motivos nunca eram claros para os outros. O candidato era um amigo de Nibe, a cidadezinha perto de Aalborg onde Børge morava. Ele deu a esse menino, que só tinha 13 anos, uma lata de tinta azul, e lhe disse para sair pintando por toda a cidade a insígnia do clube – a suástica com as flechas proclamando a rebelião contra os nazistas. Mas Nibe era uma comunidade muito fechada, onde todos se conheciam. Em minutos o menino estava sob custódia da polícia, levando tapas na orelha de um policial, que o preveniu para esquecer suas fantasias infantis de revolução. O policial deu ao menino uma escova de aço e um balde com água e sabão, e mandou que se ocupasse em remover a tinta de todas as paredes que ele tinha vandalizado.

Conforme esfregava, o menino foi ficando cada vez mais furioso. Ao terminar, tinha concebido um plano. Contou a Børge sobre um remoto posto de vigilância alemão, uma torre erguida nas dunas de areia na periferia da cidade. Ela tinha um farol que ia e vinha numa varredura em grandes distâncias, para dar aos alemães uma visão do Mar do Norte em direção à Inglaterra. O posto era comandado por três soldados alemães que moravam juntos em uma caserna nas proximidades.

O menino, revoltado, propôs usar as armas do Clube Churchill para matar os soldados alemães. A Ofensiva Nibe – como ele a chamava – mostraria ao mundo quem era criança e quem estava falando sério. Intrigado, Børge foi para Aalborg apresentar a proposta para o restante do Clube Churchill.

KNUD PEDERSEN: Quando nossa raiva de Børge, por testar um novo recruta sem nos contar, diminuiu – "O que você tinha na cabeça?!" –, consideramos friamente a proposta de matar os guardas alemães em Nibe. Não era a primeira vez que o clube ponderava sobre um homicídio. Semanas antes, outro membro tinha proposto esfaquear um guarda alemão nas costas, mas foi calado aos gritos pelos outros, que disseram que tal ato violaria nosso código de jogo limpo: o inimigo deve ter uma chance.

Por outro lado, essa ideia de Børge seguia a mesma linha: um ataque sorrateiro. E também violava uma segunda premissa básica do clube: nunca matar por vingança pessoal. Porém, a missão do clube incluía uma promessa de minimizar os alemães que tinham roubado nosso país. Como era possível minimizá-los mais do que *os eliminando*? Além disso, tínhamos armas. Iríamos usá-las algum dia, ou apenas pretendíamos deixá-las enferrujando no canteiro de salsinha de Helge e no porão do monastério, até os britânicos chegarem para nos libertar?

A proposta para a Ofensiva Nibe foi levantada, e a ação, aprovada pelos membros. Ajudei Børge a esboçar um diagrama de ataque, mas me recusei a ir com ele. Não aprovava sua missão. Além disso, tínhamos uma ação planejada em Aalborg, no pátio ferroviário, para a mesma noite: um ataque estilo militar que usaria nossas novas armas. Disse a Børge que nosso ataque era muito mais importante do que pedalar até Nibe para saciar a sede de sangue de um menino. Mas ele estava decidido. Não perdi tempo tentando dissuadi-lo.

Mais tarde, Børge contou a Knud que partiu para Nibe com dois companheiros: um, o menino furioso, e o outro, um frequentador do Clube Churchill, que se ofereceu para ir. Eles pararam no jardim

■ Posição de uma arma antiaérea alemã, 1940, com um fazendeiro dinamarquês arando feno em primeiro plano.

de Helge para pegar a metralhadora e um par de pistolas, e seguiram em frente.

Os meninos chegaram a Nibe no começo da tarde. Esconderam as armas em uma cabana de escoteiros próxima e, no final da tarde, foram fazer um reconhecimento ao longo das dunas. Subiram a colina em direção ao alojamento alemão. Subitamente, a porta foi aberta com força e um dos soldados alemães surgiu, não num uniforme militar engomado, mas de manga curta e suspensório, fumando um cachimbo. Logo seus companheiros juntaram-se a ele. Os três soldados animados cumprimentaram os moleques, desejaram uma boa tarde a eles e acenaram para que se aproximassem. O grupo ficou ao ar livre, debaixo do sol, e os seis tiveram uma conversa simpática. Era óbvio que aqueles sujeitos não tinham muita companhia naquele lugar e estavam felizes em ver os meninos. Falaram nos netos lá na Alemanha. Foi ficando cada vez mais difícil vê-los como parte da mortífera Wehrmacht de Hitler. Ao voltar para a cabana, Børge estava num conflito profundo.

Por que matar aqueles três avôs? Seria, realmente, aquela a guerra que ele queria lutar? Mas eles tinham a missão de eliminar aqueles guardas específicos, tinham sido autorizados a fazê-lo e agora estavam impelidos pelo dever. Uma missão era uma missão.

Quando a noite veio, levaram as armas para uma vala de drenagem, no alto de uma colina relvada, abaixo do alojamento alemão. Dividiram-se em três colunas: Børge na frente e no meio com a metralhadora, e os outros dois ladeando-o com pistolas. O plano era subir rastejando pela relva. Ao chegarem bem perto, fariam uma parada. Então, depois, numa contagem de tempo, irromperiam pela porta e abririam fogo.

Enquanto deslizavam pelo mato molhado, Børge tentou se colocar na mentalidade de um guerreiro. Aquilo era necessário, lembrou a si mesmo. Aquilo mostraria aos alemães do que se tratava o 9 de abril. Aquilo acordaria os submissos dinamarqueses. Ele podia antever a manchete do jornal: "Alemães mortos com suas próprias armas por meninos!". Dentro do alojamento, a luz de uma única vela dançava a cada passo que davam. A trinta metros das instalações, ainda não se ouvia um som. As mãos de Børge tremiam. De repente, a porta se abriu. Um dos homens saiu na varanda e olhou em torno. Teria escutado alguma coisa?

O soldado ficou ali por um tempinho, depois fechou a porta, caminhou pelo mato da duna até o posto de vigilância e subiu a escada para seu ponto de escuta. Agora, o alvo estava espalhado: dois alemães em um local, o terceiro em outro. Os três estavam mais alto que eles. As chances de sucesso da missão dos meninos tinham simplesmente despencado. Agora, mais parecia uma missão suicida do que um ataque concebido com cuidado.

Rapidamente, eles trocaram a ideia de assassinato pela de fuga. Ficaram imóveis pelo que pareceram horas, achatados contra o chão, molhados, gelados e apavorados. O alemão no alto, em seu posto de escuta no farol, com certeza tinha um rifle. Depois de um tempo, eles começaram a recuar pelo mato lentamente, seus corpos contraídos pela tensão. Levaram quase meia hora para chegar à vala, e um tempo maior ainda para voltar furtivamente para a cabana. A salvo, lá dentro, os meninos atacaram-se verbalmente, cada um culpando o outro por amarelar.

Exausto e humilhado, Børge precipitou-se para fora da cabana e foi embora de bicicleta, abandonando os outros. Não estava animado com a perspectiva de contar o fracasso da ofensiva para o restante do Clube Churchill, mas, mais do que isso, ansiava por fazer parte das atividades noturnas em Aalborg. Pedalou 24 quilômetros pela área rural, no escuro, esperando chegar ao pátio ferroviário de Aalborg a tempo de participar do que prometia ser o maior e mais ousado ato até então.

Foto da polícia do vagão de carga que foi alvo do Clube Churchill.

10

Granadas

EMBORA AS BOTAS COM TRAVAS da Wehrmacht ecoassem pelas ruas de Aalborg, embora uma nuvem azul de gasolina e óleo dos vagões de carga alemães pairasse sobre a cidade, embora a irmã de Eigil insistisse que os detetives estavam a um passo do Clube Churchill, ainda era primavera. O tempo estava mais quente, e os dias, finalmente, eram longos e claros. Os alunos mais velhos da Escola Catedral estavam a alguns dias da formatura. Helge, Eigil, Knud e o Professor entrariam, enfim, no ensino médio – caso conseguissem passar nos exames finais. Os jovens sabotadores mantiveram seu trabalho de resistência constante, mesmo enquanto se matavam de estudar para os exames. Os colegas não desconfiavam do que acontecia. Os professores, constantemente, lembravam aos alunos que eles estavam amadurecendo em experiência e responsabilidade. Não faziam ideia de como estavam certos – pelo menos sobre alguns deles.

Um sinal positivo foi que o Clube Churchill, repentinamente, conseguiu três novos e importantes aliados, graças a Uffe Darket. Cerca de duas noites por semana, Uffe pedalava até o centro para um encontro de um clube de aeromodelismo. Numa noite, enquanto esculpia e montava suas peças, ele começou a conversar com um colega da mesma atividade, chamado Alf Houlberg. Alf, seu irmão Kaj e o amigo deles Knud Hornbo tinham 20 e poucos anos e eram operários em uma fábrica em Brønderslev, uma cidade próxima. Todos eles eram dedicados ao aeromodelismo.

Ficaram conversando enquanto trabalhavam até que, passado um tempo, Uffe arriscou-se e revelou a Alf suas atividades com o Clube Churchill. Longe de ficar chocado, Alf respondeu que eles três sentiam a mesma repulsa de Uffe pelas autoridades dinamarquesas naquela crise. Na verdade, tinham acabado de roubar seis granadas de morteiros na estação de trem, perto da fábrica em que trabalhavam. O problema era que não sabiam como fazer as malditas coisas funcionarem. Será que o Clube Churchill conseguiria usá-las?

KNUD PEDERSEN: Meu irmão levou as munições de morteiro para o monastério em dois estojos pesados, dados por Uffe. Carregava-as com muito cuidado. A única coisa que eu já tinha ouvido sobre as granadas de morteiro era que elas explodiam ao contato. Disse a Jens para colocá-las na cama com delicadeza. Acidentalmente, ele riscou a cabeceira da cama com uma delas, e nossos corações quase pararam. Erguemos as tampas. Dentro de cada caixa havia três objetos parecidos com pinos de boliche, suas tampas de metal lambuzadas com gordura. Como de costume, não sabíamos como usá-las. E, como sempre, não havia ninguém para nos ensinar.

Jens e o Professor começaram, imediatamente, a mexer com elas no laboratório, acima do quarto de Jens. A primeira ideia que tiveram foi abrir uma das granadas e esvaziar seu pó explosivo. Mas quando espalharam todas as partes, descobriram que não havia pó dentro. Aquilo era desconcertante. A única coisa que conseguimos imaginar foi que Alf e seus colegas tinham roubado granadas de exercício, imitações, não munições de fato. O Professor e Jens continuaram fazendo experimentos com os componentes da granada, analisando-os, combinando-os, virando-os para lá e para cá, tentando fazer acontecer *alguma coisa*. Então, no fundo da granada, encontraram algo interessante: um disco de metal fino, de sete ou oito centímetros, preso por um conjunto de parafusos. Algo naquele disco simplesmente parecia inflamável.

Um fósforo levado ao disco iluminou o laboratório do Professor como sete sóis! Eles gritaram feito loucos, e o restante de nós chegou correndo, trazendo água. Levamos, no mínimo, um minuto para apagar o fogo. Em meio à pesada fumaça, os dois grandes cientistas sorriam, mostrando os idiotas triunfantes que eram.

Os dois continuaram trabalhando. Acabaram percebendo que os próprios discos eram feitos de magnésio altamente inflamável. Só precisavam acender um deles com fósforo e teriam uma bomba compacta. Não sei como sobrevivemos a esses testes; Jens e o Professor eram campeões mundiais em experimentos quase suicidas com explosivos, mas dessa vez descobriram como controlar os materiais. Finalmente, o Professor tinha construído uma arma que funcionava.

Era um grande passo, porque as granadas tornavam possível concretizar sonhos poderosos. Agora, poderíamos planejar investidas próprias.

Separamos duas granadas para nossa derradeira missão: destruir os veículos alemães que enchiam as ruas da Praça Budolfi, em frente à minha janela. Finalmente, tínhamos o poder para fazer isso acontecer – bom, talvez não exatamente como na minha fantasia, na qual eu chegava correndo na praça, com armas reluzindo, e avistava Grethe na torre, mas, pelo menos, o cerne dela, que era combater os nazistas. Agora tínhamos poder de fogo para organizar um ataque sério.

Mas, primeiro, um teste de campo.

Quando caiu a noite de 2 de maio de 1942, cinco de nós pedalaram até os pátios ferroviários de Aalborg, polo de atividade nazista na cidade. Era um local cheio de vagões de carga, alinhados em correntes enferrujadas. Alguns contêineres estavam cheios de minério da Noruega e da Suécia. Outros tinham peças e componentes de máquinas. Outros ainda guardavam material para a rápida expansão do aeroporto de Aalborg. O pátio, iluminado por holofotes, guinchava com o clamor de motores roncando, portas batendo e rodas raspando os trilhos de ferro. A missão daquela noite era usar nossas novas granadas para incendiar vagões de carga e destruir seu conteúdo. Tínhamos grandes expectativas.

Uma cerca de alambrado, patrulhada por dois guardas armados, mantinha o público longe do pátio ferroviário. Em frente à cerca, estendia-se uma passagem. Um de nós ficaria lá, como sentinela, conversando com os guardas se necessário, fazendo soar um alarme num poste de metal da cerca caso alguma coisa desse errado. Os outros cortariam um buraco na cerca e entrariam no pátio. Alf e Uffe assumiriam posição atrás dos vagões, cada um com uma pistola apontada para um guarda. Eu e mais um partiríamos para a ação com as granadas nos vagões de carga.

Ao caminharmos sorrateiros em direção à cerca, deparamo-nos com um problema com o qual não contávamos. Um casal de namorados tinha se colocado numa extremidade da passagem e estava se atracando furiosamente. Como é que poderíamos afastá-los sem explicar o motivo pelo qual queríamos que eles fossem embora? Aproximamo-nos e ficamos encarando, com os olhos arregalados, imitando-os. Com os dedos médios levantados como despedida, eles foram procurar um lugar mais reservado.

Cortamos a cerca e ocupamos nossas posições. Uffe escorregou para debaixo de um vagão de carga e mirou a pistola em um guarda. Outro membro do clube e eu nos pusemos ao trabalho, escolhendo um vagão que fosse possível incendiar. Fomos até o meio de um trem, deduzindo que seria mais difícil para os alemães tirar um vagão em chamas do meio do que simplesmente desacoplar um na frente ou atrás.

A primeira porta de ferro enferrujada guinchou quando a puxei para trás. Meus olhos ajustaram-se e sim! Estava cheio de asas de avião! Melhor ainda, havia papéis com desenhos mostrando como ligar as asas à fuselagem de uma aeronave. Era um alvo premiado, de enorme valor para os nazistas.

Amontoei uma pilha de instruções de montagem da asa e, com cuidado, coloquei um disco de granada em cima da pira. Agachado na porta, acendi um fósforo e o atirei para trás, sobre a pilha de papel. As chamas inflamaram o disco mais rápido do que eu esperava, e a explosão de fogo me pegou em pleno voo, quando eu pulava do vagão. Quando aterrissei, as chamas já consumiam o papel e as asas. Meu companheiro fez o mesmo no vagão seguinte, e corremos agachados em direção à cerca. Assobiei anunciando que a operação estava terminada, e todos nós nos contorcemos de volta pelo buraco cortado na cerca.

Mais ou menos nesse momento, Børge chegou de Nibe, bufando em sua bicicleta, horas depois da sua fracassada ofensiva. Chegou bem a tempo de admirar nosso trabalho. Todos nós nos afastamos no escuro e assistimos ao desenrolar dos acontecimentos. Sirenes começaram a berrar por toda a cidade. Oficiais alemães passaram às pressas por nós, em direção ao pátio ferroviário. Houve uma discussão acalorada entre os bombeiros dinamarqueses que chegavam e os oficiais alemães, todos gesticulando amplamente com os braços. No início, os dinamarqueses recusaram-se a entrar na área por temer que alguns daqueles vagões contivessem munição ativa. Os alemães, com as mãos nas pistolas, insistiram.

Os bombeiros dinamarqueses começaram a desenrolar as mangueiras, mas se moviam lentamente, às vezes pisando sobre elas depois que a água começou a fluir. Brandindo as pistolas, os alemães gritaram para que eles se mexessem, mas estava claro que os bombeiros faziam corpo mole para deixar que o fogo assumisse e destruísse o tesouro do Terceiro Reich. Esse momento foi significativo para nós: autoridades dinamarquesas – os bombeiros – estavam afrontando ordens alemãs. Pela primeira vez em muito tempo, sentimos um frêmito de orgulho por nossos compatriotas.

Foi nosso maior sucesso até então, a destruição de um importante bem alemão. Aquilo era o mais perto que tínhamos chegado de uma ação de estilo militar, na qual estávamos bem armados e tínhamos uma estratégia de implementação. Era prazeroso ficar ali vendo as chamas lamberem a noite e testemunhar o desconforto que aquilo causava nos atabalhoados alemães. Mas, se soubéssemos o que estava por acontecer, não teríamos ficado ali parados, admirando nossa obra. Já teríamos nos colocado em marcha.

Uma parte da provisão de armas do Clube Churchill, incluindo as seis granadas de morteiro.

11

Sem volta

KNUD PEDERSEN: DURANTE TODA a primeira semana de maio de 1942, nossos nervos estavam à flor da pele. Sentíamo-nos exultantes por ter executado a ação no pátio ferroviário, mas a ansiedade aumentou quando a irmã de Eigil avisou-nos que a polícia especial de segurança tinha identificado a Escola Catedral como o centro de atividades de sabotagem em Aalborg. Agora, onde quer que fôssemos, olhávamos em volta. Por toda parte, sentíamos, ou imaginávamos, olhos sobre nós. Escutávamos passos. Vivíamos num clima de medo.

Toda a tensão transbordou numa tarde, no quarto de Jens. Eigil exigiu, entre lágrimas, que parássemos completamente com as atividades de sabotagem. Acusou-nos de arriscar a vida da sua família, uma vez que sua mãe era judia. Nada impediria Hitler de eliminar a população judia. Insistiu que, se estivéssemos no seu lugar, a sensação seria a mesma. Jens tendeu a apoiá-lo. Børge e eu não queríamos ouvir falar nisso. Tínhamos uma ideia fixa. "Nada mudou", dissemos. "Os dinamarqueses continuam uns capachos. Os alemães continuam uns porcos. Os noruegueses seguem resistindo. Sendo assim, faremos o mesmo. Jamais recuaremos. Chega disso. Vamos voltar nossa atenção para os conversíveis enfileirados em frente à agência de correio na Praça Budolfi."

Naquela tarde, enquanto passarinhos radiantes cantavam alegremente e flores desabrochavam em frente às nossas janelas, ficamos lá dentro, nos desfazendo. O clube estava profunda e amargamente dividido. Jens e eu quase chegamos aos socos, e tivemos que ser separados. Por fim, saí desabalado, com Børge ao meu lado, batendo a porta à minha passagem. Jens e os outros ficaram lá dentro.

Em 6 de maio, cerca de 5 horas da tarde, a garçonete Elsa Ottesen, do Café Holle, no centro de Aalborg, viu dois meninos adolescentes entrarem no restaurante, caminhando rapidamente. De cabeça baixa, foram direto para a chapelaria e saíram de lá pouquíssimo tempo depois. Seguiram para a rua a passos decididos, sem pedir nada. Olhando pela vitrine panorâmica do café, a Sra. Ottesen viu os dois conversando na rua.

Alguns minutos depois, um oficial alemão que jantava no café descobriu que sua arma havia desaparecido. Ele tinha colocado seu cinturão e o coldre – contendo a pistola – em uma prateleira na chapelaria do café. Depois de comer, foi recuperar a arma e descobriu que o coldre estava vazio. Irritado, relatou esta contrariedade a toda a equipe do restaurante, o que acendeu uma faísca na lembrança da Sra. Ottesen dos dois meninos que haviam entrado na chapelaria.

A Sra. Ottesen deu um depoimento detalhado à polícia. Sim, ela já tinha visto aqueles meninos. Eles haviam estado no restaurante algumas vezes, sempre preocupados com a chapelaria, nunca fazendo pedidos. Várias vezes tinha-os visto aglomerados ao redor das suas bicicletas, em frente ao café, conversando. Pelo menos em duas delas, flagrara-os espiando, por entre os dedos, para dentro da vitrine do café. Um deles, muito alto, penteava o cabelo espesso em uma dramática onda. Ela achava que poderia reconhecê-lo, se o visse novamente.

KNUD PEDERSEN: Em 8 de maio, uma sexta-feira, as aulas acabaram às 3 da tarde. Mais uma semana terminada, apenas alguns dias até as férias de verão. Eu estava saindo pelo portão da escola com Helge, tagarelando sobre alguma coisa, quando avistei, do outro lado da rua, um cavalheiro elegantemente vestido, com uma senhora ao lado. Os dois pareciam estar olhando diretamente para nós. Nunca os tinha visto antes, mas seus olhos não desgrudavam de nós. Para ganhar tempo enquanto dava uma olhada melhor neles, tirei meu pente preto e comprido do bolso e passei-o pelo cabelo. Foi o beijo da morte. "É ele", a Sra. Elsa Ottesen disse, sem dúvida, para seu companheiro. "O alto."

Eu disse a Helge: "Está vendo aquele sujeito de terno por quem acabamos de passar? Ele está seguindo a gente. Não olhe pra trás. Vamos dar uma paradinha". Paramos. Eles também pararam, o homem olhando intensamente pela vitrine de uma quitanda, como se nabos fossem a coisa mais importante do mundo. Viramos a esquina numa corridinha e tornamos a parar. Momentos depois, o homem dobrou a esquina numa derrapada e quase se espatifou em cima de nós. "Polícia de Segurança!", o homem berrou. "Posso ver sua carteira de identidade?" Era uma ordem, não um pedido.

Horas depois, o sino da entrada do monastério tocou. Quando nossa empregada abriu uma fresta da porta, a polícia meteu o ombro e entrou, avançando direto para o quarto de Jens, gritando que ele estava preso. Jens tinha uma pistola totalmente carregada na gaveta da escrivaninha, mas sabiamente manteve as mãos longe dela.

"Cadê as armas?", os policiais perguntaram. Ele se levantou e levou-os direto para o porão, para nosso esconderijo de armas.

À meia-noite, eles tinham todos nós. Onze foram presos, seis da Escola Catedral, além de Børge e Uffe, de outras escolas. Børge logo foi separado de nós porque, aos 14 anos, era jovem demais para ser preso sob a lei dinamarquesa. Eles também capturaram Alf e Kaj Houlberg e Knud Hornbo, os três operários de fábrica mais velhos, de Brønderslev, que haviam nos dado as granadas de morteiro. A polícia separou-nos e interrogou um de cada vez na delegacia de Aalborg. Logo todas as salas vibravam com o som das máquinas de escrever Remington tomando o depoimento de meninos que mentiam descaradamente. A polícia ficou ainda mais furiosa ao arrancar o papel dos rolos, amassá-lo e ameaçar os suspeitos com punição ainda mais severa se continuassem a mentir.

Dois policiais – os dois detetives de Copenhague – levaram-me para uma sala, apontaram para uma cadeira e fecharam a porta. O assunto que tinham na cabeça eram as granadas. Onde as tínhamos conseguido?

"Bom", eu disse, "conheci um sujeito no intervalo no cinema. Por acaso, ele mencionou que tinha algumas granadas, e eu perguntei se a gente poderia usá-las."

"Qual era o nome dele?"

"Ele não disse seu nome."

Um dos policiais atravessou a sala, pegou-me pelos ombros e me jogou contra a parede. "Seu pai é um pastor!", ele gritou, o rosto cor de beterraba a não mais de cinco centímetros de mim. "Ele te ensina que é pecado mentir! E você está mentindo pra mim! Agora, me conte, garoto... Qual é o nome da pessoa que te deu as granadas?"

Insisti que não sabia.

"Bom, então, como é que ele era?"

Contei a eles: cabelo encaracolado castanho e olhos castanhos. E isso foi tudo o que disse a eles sobre Alf, um aspecto mínimo. Quando terminamos, estava me sentindo muito bem comigo mesmo; tinha segurado a língua sob um interrogatório intenso. É claro que os investigadores foram para o próximo preso e perguntaram: "Qual é o nome do sujeito de cabelo encaracolado castanho que deu as granadas pra vocês?".

"Alf", alguém disse.

E assim por diante. Logo, jogando um menino contra o outro, entrevistando-os em separado, conseguiram o sobrenome de Alf e Kaj, bem como o de Knud Hornbo. Fomos interrogados com tanto profissionalismo que soltamos informação mesmo pensando que estávamos sendo espertos e escondendo-as. Além disso, nossas histórias ficavam se cruzando, e era impossível continuar mentindo.

Os pais dos meninos começaram a chegar no início da noite. Alguns estavam em casa quando a polícia invadiu e arrastou seus filhos bruscamente para fora. Outros só estavam descobrindo agora e correram, apavorados e confusos, para a delegacia. Foram recebidos pelo comissário de polícia, um senhor mais velho, de cabelos brancos, chamado C. L. Bach. Lágrimas de solidariedade encheram seus olhos ao acompanhar cada casal de pais até sua sala e fazer o possível para explicar.

KNUD PEDERSEN: Nossos pais ficaram mudos, sem fala, chocados. Nenhum deles sabia coisa alguma sobre o Clube Churchill e suas atividades. Arregalaram os olhos quando o comissário contou o que seus filhos, que supostamente jogavam *bridge*, estavam realmente fazendo nos últimos seis meses. E os pais não se conheciam entre si, o que só aumentou a estranheza do clima. Alguns deles, donos de fábrica, médicos, advogados, as figuras mais proeminentes da cidade, jamais haviam estado em uma delegacia.

Meus pais entraram afoitos na delegacia, vestidos formalmente, vindos de um casamento, minha mãe com suas pérolas e meu pai em seu smoking. Haviam sido chamados em um telefone no casamento e, ao serem informados que os filhos tinham sido presos, chegaram à delegacia em cinco minutos. Embora Jens e eu tivéssemos orgulho do que havíamos feito – defender o nosso país –, foi difícil olhar nos olhos dos nossos pais naquela noite. Alguns repetiam sem parar: "Como é que você pôde?". Mas os nossos não. Em primeiro lugar, e acima de tudo, preocuparam-se em saber se estávamos bem e se não tínhamos sido maltratados ao sermos detidos. Jens e eu não esperávamos que nossos pais fossem nos repreender ou punir pelo que havíamos feito. Eles eram ativistas, pessoas públicas, líderes comunitários que consideravam esse infortúnio familiar como apenas mais um exemplo da infelicidade trazida pela guerra. Como diz o ditado: "Em tempos de paz, os filhos enterram seus pais. Em tempos de guerra, os pais enterram seus filhos". Com certeza, eles sentiam orgulho de nós.

A polícia interrogou-nos a noite toda. Era impressionante quanta informação a oferta de um único cigarro podia produzir, à meia-noite, quando a pessoa passou o dia todo sem fumar. Às 2 da manhã, a polícia, por fim, deu-se por satisfeita. Fomos capazes de manter em segredo algumas ações, mas eles conseguiram tirar quase tudo de nós. Cada garoto teve que assinar uma declaração por escrito. Ainda arrogantes, embora mal conseguíssemos manter a cabeça em pé, alguns de nós assinaram com floreios artísticos que se estendiam sobre nossos nomes.

Por fim, antes do amanhecer, fomos levados para um furgão da polícia, com guardas armados, e transportados para a cadeia King Hans Gades – a cadeia da cidade de Aalborg –, onde entregamos nossos pertences e fomos trancados em celas. Recebemos uniformes da prisão e nos disseram para colocar nossas roupas em uma cadeira em frente à cela. Meu colega de cela era Jens. Assim que os guardas saíram, fomos até as janelas e testamos as grades. Eram grossas, quadradas e solidamente implantadas. Deitei-me em um colchão e logo meus olhos fecharam-se. Levaria muito tempo até que eu voltasse a dormir como um homem livre.

■ Foto posada para Hitler no pátio da cadeia King Hans Gades: Knud (1), Jens (2), Mogens F. (3), Eigil (4), Helge (5), Uffe (6), Mogens T. (7), Børge (sem número), homem desconhecido à direita.

12

Cadeia King Hans Gades

KNUD PEDERSEN: Poucas horas depois, fui acordado de um pulo por um guarda. "Vista suas roupas. Você vai pro tribunal! Agora."

Esfreguei os olhos e olhei em volta. Jens tinha ficado com a única cama; eu tinha pegado no sono num colchonete. Uma luz pálida infiltrava-se por uma janela gradeada no alto de uma das quatro paredes. Na outra extremidade da nossa pequena cela oblonga, havia uma porta sólida, sem trinco, e um olho mágico, coberto pelo lado de fora, de maneira que os guardas pudessem dar uma olhada em nós, mas nós não pudéssemos olhar para fora. Uma mesa e um banquinho estavam atarraxados no chão de linóleo. Isso era tudo. Nosso lar.

Fomos levados de ônibus para o tribunal, acompanhados por policiais dinamarqueses uniformizados, um para cada um de nós. Pela janela do veículo, viam-se as ruas cheias de pessoas apressadas para chegar ao trabalho e à escola como sempre, exceto, é claro, que sob a ocupação alemã elas não estavam mais livres do que nós.

A sala de audiências era solene, quadrada, com janelas altas e um chão de linóleo encerado. Bastaram apenas alguns minutos para que o juiz, mal erguendo os olhos da sua papelada, estendesse nossa prisão em quatro semanas e nos mandasse de volta para nossas celas.

Enquanto Knud e os outros estavam sendo levados ao tribunal e trazidos de volta, Kjeld Galster, o diretor da Escola Catedral, postou-se perante os alunos na assembleia da manhã e informou-os que seis dos seus colegas haviam sido presos durante a noite, acusados de sabotagem contra o exército alemão. Leu seus nomes em voz alta: Knud Pedersen. Jens Pedersen. Eigil Astrup-Frederiksen. Helge Milo. Mogens Fjellerup. Mogens Thomsen. "Seus colegas", ele disse, "agora estão atrás das grades na cadeia King Hans Gades."

Alguns alunos levantaram-se dos assentos e correram para fora do prédio. Os professores deixaram-nos passar. Estudantes aglomeraram-se em frente à cadeia, cantando e saudando seus colegas.

Os meninos, no tribunal, não escutaram.

Outros alunos permaneceram na escola, profundamente atônitos. Um deles escreveu mais tarde: "O aviso foi completamente chocante

Kjeld Galster, diretor da Escola Catedral.

para nós. Os seis meninos, que, justo dois dias antes, tinham caminhado entre nós na escola, estudado com a gente e jogado com a gente nas quadras da escola, tinham, no tempo livre, sabotado os alemães [...]. O diretor incentivou-nos a voltar para as classes e retomar as lições. Mas estava difícil [...] Concebemos uma visão pavorosa do destino que nossos companheiros compartilhariam. Sentamo-nos e olhamos além dos bancos vazios onde nossos camaradas presos costumavam se sentar. Um dos nossos professores ficou sentado por uma hora com a cabeça enterrada nas mãos, e não disse uma palavra para nós".

Outro professor da Catedral encontrou algo construtivo a ser feito com os sentimentos que se apossaram dele ao ouvir a notícia. Era o professor de oficina de Knud. Ele sabia que o garoto detestava as aulas de oficina e não tinha qualquer interesse em trabalhar com madeira. Fazia quase um semestre que ele gritava com Knud, criticando-o por ser preguiçoso, chamando-o de inepto na frente dos outros alunos. Foi tomado pelo arrependimento. Com profunda admiração pelo que o menino estivera fazendo, pôs-se a trabalhar na finalização do projeto de classe de Knud. Quando terminou, entregou ao monastério uma mesa lindamente trabalhada, deixando-a como um presente à família Pedersen.

A notícia da célula de sabotagem e da prisão dos garotos correu rapidamente pela cidade de Aalborg. Fofocas fervilhavam em lojas, escritórios, escolas e fábricas.

Nos bastidores, oficiais dinamarqueses e alemães já estavam engajados em tensas negociações. Aquelas eram as primeiras prisões por sabotagem na Dinamarca durante a guerra; todos os olhos estariam voltados para aquele caso. A grande pergunta era: quem conduziria o julgamento, a Dinamarca ou a Alemanha? Se os meninos fossem condenados, sob qual sistema de justiça seriam punidos? Se as autoridades alemãs dessem as sentenças, na melhor das hipóteses eles terminariam em impiedosos campos de trabalhos forçados. Na pior das hipóteses, caso Hitler decidisse tratá-los como exemplos públicos do que acontecia com quem se atrevesse a resistir, eles poderiam ser executados. Se o Clube Churchill fosse julgado em tribunal dinamarquês, os superiores alemães dos dinamarqueses com certeza insistiriam numa rápida condenação com sentenças duras, para mostrar ao mundo que o Terceiro Reich estava falando sério.

E tinha mais uma coisa em jogo: o acordo entre a Alemanha e a Dinamarca. Muitos dinamarqueses estavam contentes com a ocupação. Ganhavam dinheiro, suas casas continuavam de pé. Da sua parte, os soldados e oficiais alemães eram bem alimentados, tinham o controle das cidades dinamarquesas e mal precisavam erguer um dedo para preservar o *status quo*. Não eram necessárias tropas para

Carta ao comissário de polícia de Aalborg, pedindo permissão para fumar um cigarro durante o período ao ar livre.

policiar os dinamarqueses; a mera ameaça das forças armadas alemãs deveria mantê-los na linha. Para muitos, dos dois lados, o arranjo era tranquilo. Mas aqueles meninos tinham agitado as coisas, e a maneira como eles seriam tratados tinha importância. Por um lado, os alemães não queriam despertar a ira pública acabando com aqueles jovens dinamarqueses, mas, por outro, também não queriam parecer fracos. Era uma situação muito delicada.

Três dias depois de os meninos terem sido presos, o Conselho Municipal de Aalborg entregou uma carta pesarosa às autoridades alemãs, desculpando-se pelo comportamento do Clube Churchill. Assinada pelo prefeito, ela dizia:

> O Conselho Municipal de Aalborg recebeu a notícia de que, lamentavelmente, um grupo de jovens, alunos da Escola Catedral [...], realizou abusos variados e extremamente sérios contra o exército alemão [...]. Em nome do povo da cidade, o Conselho Municipal expressa profundo pesar [...] por tais atos. Isso provocou tristeza e consternação em muitos lares, os quais – como foi assegurado ao Conselho – não faziam ideia das ações ilegais que estavam acontecendo. O Conselho Municipal, além disso, expressa sua esperança de que o ocorrido não implique em sérias consequências para a continuação do bom relacionamento entre o exército alemão, o Estado dinamarquês e as autoridades do Conselho.

Por fim, a Alemanha permitiu que a Dinamarca conduzisse o julgamento, mas sob condições. Em primeiro lugar, os alemães insistiram que o diretor Galster fosse destituído da administração da Escola Catedral e banido de Aalborg; em segundo lugar, os ocupantes deixaram claro que durante o julgamento um observador alemão estaria o tempo todo no tribunal, assistindo atentamente e relatando a Berlim.

Um juiz e um promotor foram convocados para Aalborg, vindos da capital do país, Copenhague, para conduzir o julgamento do Clube Churchill.

KNUD PEDERSEN: Na cadeia, éramos tratados diferentemente dos outros prisioneiros. Para começo de conversa, nós éramos diferentes dos outros prisioneiros, um bando de adolescentes de uma escola particular. A polícia estava acostumada com bêbados e ladrões. Além disso, estávamos atrás das grades por atos pelos quais alguns dos nossos carcereiros tinham profunda admiração. Éramos prisioneiros celebridades, recebendo o melhor tratamento que nossos carcereiros conseguiam nos dar. Kristine, a confeitaria de onde tínhamos roubado três pistolas, mandava café para nós. Até o Holle, o café cuja garçonete tinha nos dedurado, começou a nos mandar bolos com chantilly. E, ainda que estivéssemos profundamente encrencados, tínhamos o entusiasmo e a energia de adolescentes em toda parte. Tiramos o máximo possível da nossa situação. E éramos profundamente irreverentes, até a alma.

De tempos em tempos, éramos levados até um médico designado para avaliar nossa saúde mental. Para os oficiais dinamarqueses, teria sido conveniente relatar que os testes indicaram que a insanidade nos levara à sabotagem. Nosso médico olhava bem nos nossos olhos e fazia perguntas como: "Se eu te der 10 mil coroas, como você as gastará?". Alf contou-me que respondeu dizendo: "Obrigado, mas é dinheiro demais. Eu me sentiria melhor com 5 mil".

O médico dava-nos exames escritos para testar nosso conhecimento geral:

> "Por que as estações mudam entre o verão e o inverno?"
> "Quando foi o reinado da rainha Elizabeth?"
> "Qual é a capital de Portugal?"
> "O que é gratidão?"

Esta última pergunta era interessante. Um de nós respondeu: "Se eu pegar dez anos, me levantar e disser 'Obrigado', isso será gratidão".

Diariamente, era-nos concedida uma hora ao ar livre no pátio do presídio. Estávamos em nossas celas, lendo e escrevendo, construindo aviões em miniatura, ou tentando dormir, quando se ouvia o chacoalhar de chaves na porta e um carcereiro gritava: "Hora do recreio!". Éramos levados para uma das duas masmorras cimentadas, com muros de cerca de três metros de altura e uma rede de malha no alto. Alguns de nós jogavam xadrez, outros, jogos com bola. Uma vez, ao ouvirmos soldados alemães pisando duro do lado de fora dos muros, berrando uma de suas estúpidas baladas folclóricas, rapidamente revidamos com "It's a Long Way to Tipperary" [É um caminho longo até Tipperary], a marcha que se tornou famosa por meio dos soldados britânicos durante a Primeira Guerra Mundial. Os alemães reclamaram às autoridades prisionais.

Escrevemos uma carta ao comissário de polícia, pedindo permissão para fumar durante nosso tempo ao ar livre: "Pedimos ao senhor, caro comissário, que nos deixe fumar um único cigarro. Prometemos apagá-lo e não o levar para dentro da cela. Garantimos que esta promessa será cumprida". Todos nós assinamos. E funcionou!

Todos os dias, inventávamos peças e esquetes que caçoavam das autoridades. Representávamos repetidamente cenas de julgamento no pátio da cadeia, imitando os oficiais de justiça que vínhamos conhecendo. As peças terminavam com a pena de morte para todos nós – colocávamos um lenço branco sobre a cabeça ao morrermos – e, sem dúvida alguma, estávamos muito preocupados com a possibilidade de sermos executados. Passávamos muito tempo discutindo como eles fariam isso. Atirariam em nós? Se esse fosse o caso, matariam todos de uma vez, em sequência, ou um a um? Doeria? Por quanto tempo? Alguém tinha visto um filme no qual criminosos parecidos com nazistas tinham executado um grupo de prisioneiros. Os idiotas usavam a mesma camisa, com um buraco no coração, colocando-a em cada novo prisioneiro a ser morto, assim não teriam que sujar uma nova camisa a cada vez. Na cadeia King Hans Gades, tínhamos uma cela com um prisioneiro mais velho, um sujeito que dizia ter matado a esposa ao descobrir que ela era nazista. Esse sujeito fingia saber tudo sobre tudo. Dizia ter escutado que o sofrimento da execução poderia durar meia hora.

Cada um de nós lidava de um jeito com o confinamento. Eu ficava cheio de uma energia nervosa. Bagunçava tudo, espalhando desenhos por toda a cela, enquanto Jens era organizado por natureza. Isso dava certo quando vivíamos em quartos separados no monastério, mas agora estávamos juntos 23 horas por dia numa cela minúscula. Por um tempo, ele me ignorou o melhor que pôde, tentando se concentrar na leitura de *Os irmãos Karamazov*. Mas, um dia, fez cara feia por sobre o livro e me disse para calar a boca. Logo estávamos cara a cara, exaltados, enquanto culpávamos um ao outro por fazer coisas que levaram todos nós a sermos presos.

Jens: Por que você contou pra polícia sobre os três sujeitos de Brønderslev que deram as granadas pra gente? Você não precisava fazer isso. Podíamos ter salvado eles!

Eu: Eu *tive* que explicar as granadas porque você levou a polícia diretamente pro nosso esconderijo no porão.

Jens: Eu não mostrei o porão pra eles. Você contou pra eles que o porão existia.

Eu: Eu só disse que você era meu irmão. E por que isso chegou a vir à tona? Porque você teve a esperteza de fazer um patinador alemão tropeçar num rinque de patinação e entrou numa lista de antinazistas suspeitos. Como você é idiota!

Jens: Nazista de merda!

Eu: Comunista de merda!

E então começamos a nos atracar, dois irmãos que se amavam, mas que haviam estado em uma panela de pressão por mais de seis meses. Todas as reuniões do Clube Churchill eram na nossa casa. Todos os caminhos levavam para nós. Acabou sendo mais do que podíamos suportar, e tudo transbordou naquela tarde.

Todos na prisão começaram a gritar, e os guardas correram para nos separar. Puseram Jens na cela ao lado, trancado com Alf. Naquela noite, fomos dormir com uma sensação de desconforto, mas esse arranjo acabou permitindo que combinássemos nossos talentos de maneira produtiva.

Um dia, os guardas nos chamaram para o pátio da cadeia, para tirar uma fotografia. Ficamos surpresos ao ver Børge novamente, pela primeira vez depois da noite da nossa prisão. Ele tinha sido preso como todos nós, mas era jovem demais para ser acusado como adulto. Disse que estava cumprindo sua pena numa unidade corretiva de juventude. Cada um de nós recebeu um número para segurar à nossa frente e nos disseram para ficarmos lado a lado. Como sempre, começamos a caçoar de tudo aquilo, mas um guarda cortou nosso barato com um chamado à realidade: "É melhor vocês parecerem o mais sérios e tristes que puderem", ele disse, "porque estas fotos vão direto pra Berlim. Pode ser que o próprio Hitler as veja. Seria mais inteligente apagarem esses sorrisos do rosto". E assim fizemos. Subitamente, a aparição de Børge fez sentido. Como o mais jovem e o de aparência mais inocente entre todos nós, ele ajudava a dar a impressão que os policiais dinamarqueses estavam desesperados para transmitir, a de que éramos apenas estudantes flagrados numa farra.

Knud e seus companheiros de clube ficaram atrás das grades enquanto a primavera transformava-se em verão e a notícia da prisão do Clube Churchill continuava a se espalhar pela Dinamarca. Apesar da forte censura alemã, não havia como manter os estudantes sabotadores de Aalborg longe dos jornais e das transmissões radiofônicas. Independentemente da idade, os meninos do Clube Churchill eram uma resistência dinamarquesa organizada, a primeira evidência em carne e osso de que os dinamarqueses podiam enfrentar a ocupação alemã. Anos depois, um colega da Catedral escreveu: "[A prisão deles] caiu como uma bomba sobre nós. Hoje em dia é difícil imaginar o enorme impacto que a revelação do Clube Churchill teve para a população dinamarquesa [...]. O efeito do choque espiritual foi imenso e duradouro".

Na privacidade dos seus lares, as pessoas conversavam sobre esses meninos de Aalborg. Alguns dinamarqueses sentiram-se constrangidos por terem sido necessários jovens estudantes para afrontar os nazistas. Outros temiam que os meninos tivessem piorado as coisas para todos, despertando a fera. Um colunista de jornal de Aalborg criticou os meninos por "atos estúpidos contra tropas estrangeiras [...]. Eles não são heróis, mas idiotas e vagabundos que, através de seu comportamento irresponsável e inadmissível, são culpados de crimes que colocam nossa cidade e nosso país num perigo maior [...]. Deveriam ser chicoteados até entenderem isso".

Por outro lado, muitos se sentiram inspirados. Um folheto circulou pelas ruas e lojas de Aalborg, incentivando os cidadãos: "Vejam os jovens presos e seus pais com simpatia! Mostrem que não são odiados por suas ações, mas, sim, considerados bons patriotas dinamarqueses que merecem o respeito de todos nós. Criem um clima de apoio, para que os alemães pensem duas vezes antes de carregá-los para fora do país ou matá-los".

O poeta e dramaturgo mais famoso da Dinamarca, Kaj Munk, escreveu uma carta solidária aos pais dos Pedersen. Seu conteúdo foi publicado num panfleto clandestino, que circulou secretamente pelo país. Munk escreveu: "É claro que o que [os meninos] fizeram é errado, mas não chega nem perto de ser tão errado quanto o governo ter entregado o país ao inimigo invasor [...]. É chegada a hora de pessoas boas, em nome do Senhor Jesus, fazerem algo errado [...]. Rezo a Deus para lhes dar ânimo, resistência e constância na boa causa".

KAJ MUNK

Kaj Harald Leininger Munk, simplesmente chamado de Kaj Munk (1898-1944), foi um dramaturgo, poeta, pastor luterano e ativista dinamarquês.

A maioria de suas peças foi escrita na década de 1920 e encenada na década de 1930. Escrevia sobre temas profundos, como religião, marxismo e a visão darwinista da evolução.

No início, Munk demonstrou admiração pelo sucesso de Hitler em devolver o emprego aos alemães durante a Grande Depressão, mas sua posição azedou ao constatar a perseguição de Hitler aos judeus alemães.

Suas peças *Hans Sidder ved Smeltediglen* [Ele se senta junto ao caldeirão] e *Niels Ebbesen* foram ataques diretos e

contundentes ao nazismo, que despertaram a ira de Hitler. O autor foi preso e, em
seguida, assassinado pela Gestapo em 4
de janeiro de 1944.
Kaj Munk é um herói dinamarquês nacional. É celebrado anualmente, em 14 de
agosto, como mártir no Calendário dos
Santos da Igreja Luterana. ∎

■ Kaj Munk.

Por um período de cerca de dez dias no início do verão de 1942, os meninos do Clube Churchill prestaram depoimento individualmente e em pequenos grupos. O presidente da corte era Arthur Andersen, um jurista experiente, convocado especialmente a Aalborg do tribunal de Copenhague. Estava acompanhado de seu secretário, um homem chamado Silkowitz, encarregado de lavrar um registro por escrito do julgamento. Os membros do Clube Churchill lembram que, durante o julgamento, o secretário constantemente interrompia o juiz, perguntando: "É para anotar isto?", ou "Devo omitir este trecho?".

O cônsul alemão sentou-se rígido e com uniforme completo a uma mesinha, escutando atentamente o depoimento e tomando nota. Quando sua mão se movia, olhos acompanhavam. Não havia pais, jornalistas ou amigos na sala do tribunal. O clima era pragmático.

KNUD PEDERSEN: Tínhamos dois advogados de defesa. Um era Lunøes, de Copenhague. Não gostávamos dele porque nos retratava como crianças rebeldes. Nosso advogado local, de Aalborg, era um sujeito gordo e jovial, chamado Knud Grunwald. Estava sempre gritando, nos ameaçando e nos prevenindo para não dizermos nada contra os alemães. Grunwald vinha nos ver seguidamente na cadeia, tentando nos preparar para o julgamento. Andava de lá para cá, gritando: "Agora vocês se arrependem do que fizeram, não é? Respondam! Arrependem-se?". Ele mesmo respondia, antes que tivéssemos a chance de soltar um pio. "Não há dúvida que sim! É melhor vocês se lembrarem de que o cônsul

■ Carta de Kaj Munk a Edvard Pedersen.

alemão em Aalborg vai se comunicar diretamente com Berlim. Hitler saberá disto aqui! Lembrem-se disso quando estiverem no tribunal!"

A abordagem do juiz Andersen foi mais gentil, mais suave. Um dia, ele me disse: "Hoje, Knud, você vai falar sobre suas atividades em Odense. Pode me contar tudo, porque você só tinha 14 anos na época e não pode ser punido por atividades juvenis". É claro que eu não mencionei os nomes dos membros do Clube RAF, que era o que eles queriam.

O principal daquilo tudo eram as armas; era com isso que eles se preocupavam. Por que as tínhamos roubado? O que iríamos fazer com elas? Nossos advogados, e certamente nosso governo, queriam que testemunhássemos que elas eram recolhidas para servirem de brinquedo ou como lembrança, para nos exibirmos perante nossos amigos, ou apenas para ver se conseguiríamos sair impunes daquilo. Éramos apenas moleques em busca de aventura. Era isso que eles queriam que disséssemos.

Durante uma das sessões, o juiz Andersen convocou quatro de nós para se postar em frente a ele e nos perguntou, um a um, por que roubávamos as armas. Ao chegar a minha vez, eu disse ao tribunal que as armas não eram um divertimento para nós. Planejávamos usá-las como apoio aos britânicos, quando eles viessem nos libertar. Grunwald deu um pulo e pediu ao juiz um recesso até o dia seguinte. O recesso foi concedido e a corte foi adiada.

Naquela noite, Grunwald entrou apressado na cadeia e encheu o prédio com seu discurso mais furioso até então. "Vocês quase conseguiram!", bradou. "O juiz poderia ter arbitrado que vocês não tinham intenção de usar as armas! E aí, este idiota aqui" – ele apontou para mim – "depõe que a ideia brilhante de vocês era atirar nos alemães com *as próprias armas deles*! Seu palerma! Agora, vou tentar conseguir pra vocês mais uma chance, e é melhor não estragarem tudo!"

No dia seguinte, Grunwald pediu ao juiz que repetisse as perguntas do dia anterior. Vi o representante alemão parar de escrever e levantar os olhos quando foi a minha vez de responder.

E é evidente que repeti exatamente o que havia dito um dia antes.

Desenho de Alf Houlberg da cadeia King Hans Gades, mostrando os dois pátios de exercícios cobertos com tela.

13

Muros e janelas

KNUD PEDERSEN: Desde o começo, pensávamos em fugir. Permanecendo confinados, não estávamos ajudando nosso país a resistir à ocupação alemã. Logicamente, testamos cada grade, tijolo e fechadura naquele velho presídio. Ainda que todas as noites tivéssemos que entregar nossas roupas aos guardas para não podermos escapar, começamos a acumular e esconder camisas e calças, tal a nossa certeza de que, de algum modo, descobriríamos um jeito de sair.

A melhor possibilidade parecia ser a parte de cima do pátio de exercícios da prisão. Embora ele fosse cercado por muros de pedra altos e maciços, a parte de cima era arrematada apenas por um fino alambrado. Se a pessoa conseguisse chegar até lá, dava para cortá-lo. Não éramos vigiados nos nossos dois períodos diários de trinta minutos ao ar livre, portanto tínhamos tempo para trabalhar. Numa manhã, eu, o mais alto, juntei as mãos para servirem de apoio para Uffe subir nos meus ombros. Pondo-se de pé, ele se firmou junto ao muro e tirou do bolso a faca de cozinha que havíamos contrabandeado para o pátio. Em um minuto, rasgou uma boa abertura.

A ideia era que um de nós passasse pelo buraco, andasse devagar ao longo do muro, pulasse para o jardim do comissário da prisão e fugisse. Do lado de fora, ele faria contatos e descobriria um lugar para nos escondermos. Infelizmente, logo no dia seguinte, um dos carcereiros, atravessando o pátio, olhou para cima e notou o buraco na tela.

Isso acabou com o nosso período não vigiado no pátio. Hora do Plano B.

Nosso principal objetivo era a Suécia. Por algum motivo, os nazistas tinham permitido que a Suécia ficasse oficialmente neutra. Isso significava que, se a pessoa conseguisse chegar lá, estava salva, pelo menos até os nazistas mudarem de ideia. Em algumas áreas da Dinamarca, perto de Copenhague, era possível avistar facilmente a Suécia da nossa costa. A distância por barco era muito curta. No entanto, seria bem mais difícil chegar lá saindo de Aalborg, onde primeiro teríamos que ultrapassar o fiorde fortemente vigiado e depois seguir por mais seis ou oito horas até águas suecas. Em qualquer um dos casos, o desafio seria encontrar um capitão que se arriscasse a fazer a travessia. Isso exigiria contatos secretos e provavelmente dinheiro, e, naquele momento, não tínhamos nem um, nem outro.

A NEUTRA SUÉCIA

À noite, enquanto os dinamarqueses e noruegueses cobriam suas janelas com panos pretos e iluminavam as ruas com luzes azuis que não podiam ser vistas do alto, a vizinha Suécia parecia ser um carnaval de luz. Os suecos assumiram uma posição oficialmente neutra na guerra, o que significava que não tomavam partido. O país jogava nos dois times. Por um lado, todo o esforço militar alemão dependia de armas feitas com milhões de toneladas de minério de ferro, as quais a Suécia exportava para a Alemanha através dos portos da Noruega e do Golfo de Bótnia.

Por outro lado, a Suécia desafiava a Alemanha acolhendo refugiados de guerra, sobretudo a grande maioria de judeus da Dinamarca em outubro de 1943, horas antes de uma programada batida alemã. Era lógico a Suécia ser o destino de fuga planejado para o Clube Churchill. ■

Nosso plano era nos escondermos na lendária caverna calcária Thingbaek, cerca de trinta quilômetros ao sul de Aalborg. Ela tinha sido comprada por um empresário que extraía calcário de uma porção dela, mas ainda havia inúmeros cantos onde poderíamos nos esconder por alguns dias. Nossos únicos vizinhos seriam os incontáveis morcegos que pendiam do teto de dia e jorravam da caverna em nuvens vibrantes ao escurecer. Como os morcegos, pelo menos estaríamos livres.

Para arrumar ajuda do lado de fora, minha irmã, Gertrud, contrabandeou mensagens para o irmão mais velho de Børge, Preben. Ele era colega de Jens na escola, sujeito bem vestido, pomposo, que repetidamente tentou convencer Jens a nos fazer parar com as sabotagens. Preben estivera presente no primeiro encontro do Clube Churchill, mas nunca mais voltou. Parecia horrorizado que seu irmãozinho tivesse se juntado a Jens e a mim, como se nós tivéssemos corrompido o pobre e inocente Børge. Mesmo assim, havia nos ajudado no passado, e achávamos que poderíamos confiar nele.

Num dia de visita, demos a Gertrud uma carta para Preben, descrevendo nosso plano de fuga. Pedimos a ele que entregasse uma carta anexa que Jens havia escrito ao proprietário da mina, pedindo permissão para ficarmos lá até conseguirmos pensar em alguma coisa. Nossas últimas palavras para Preben foram: "Queime esta carta".

Ele deveria retransmitir a resposta do proprietário para nós através de Gertrud. Em vez disso, levou nosso pedido diretamente para os pais, que ficaram indignados. Gertrud logo trouxe-nos uma carta de Preben que basicamente dizia: "Vocês ficaram malucos. Não quero ter nada a ver com essa idiotice. Se insistirem nessa fantasia de fuga inepta, eu mesmo entregarei vocês para a polícia, para salvar suas vidas. Pensarei em alguma coisa quando chegar a hora certa. Sosseguem o facho".

Mas nós simplesmente não "sossegamos o facho". Como poderíamos?

No início da manhã de 17 de julho de 1942, Knud e os outros meninos acordaram sobressaltados com o chacoalhar de chaves e a ordem rude: "Vistam-se!".

KNUD PEDERSEN: Eles haviam colocado nossas melhores roupas no banquinho em frente à porta da cela. Isso só poderia significar uma coisa: a sentença do juiz estava pronta. Depois de nove semanas na cadeia local, iríamos agora saber o nosso futuro. Seríamos executados? Entregues aos alemães? Libertados? Ou os dinamarqueses e alemães teriam feito alguma espécie de acordo para nos punir na Dinamarca? Agora descobriríamos.

Fomos conduzidos para furgões e levados para o tribunal. Pelas janelas, contemplamos árvores agora totalmente frondosas, dando sombra para mulheres em vestidos de verão e homens em mangas curtas. Inalamos o maravilhoso aroma de tortas quentes, vendidas em quiosques de esquina. Carroções alemães cheios de soldados chacoalhavam em direção ao cais.

Nossos guardas nos levaram para o tribunal. Eu não fazia ideia de qual seria nosso destino. Com certeza, não sentia remorso pelo que tinha feito, a não ser pelo fato de ter sido capturado. Duvido que meus colegas sentissem, também. Éramos patriotas. Nossos inimigos eram os alemães que tinham roubado nosso país e os dinamarqueses que tinham cruzado os braços e deixado que eles o tomassem. Nossos heróis continuavam sendo os noruegueses, que seguiam lutando bravamente, e os pilotos britânicos em desvantagem numérica, que heroicamente defendiam seu país dos ataques aéreos incessantes dos nazistas. Estávamos em guerra, e eu era basicamente um soldado que tinha sido capturado. Estava preparado para qualquer resultado.

O tribunal já acumulava o calor matinal. O supervisor alemão estava em sua mesa, com o rosto inexpressivo, uniforme passado, caderno aberto. O juiz Andersen levantou-se segurando um papel amarelo e nos chamou para junto da sua mesa. Nosso promotor e nosso advogado de defesa também se levantaram. O juiz leu nossos nomes e as acusações contra nós: destruição arbitrária de propriedade, incêndio criminoso e roubo de armas do exército alemão. Declarou-nos todos culpados das acusações. Nossa pena seria o encarceramento no Presídio Estadual de Nyborg, uma penitenciária de adultos a sudeste de Odense, a cerca de trezentos quilômetros. Ele não disse exatamente quando seríamos transferidos.

Cada um de nós teve sentenças diferentes, dependendo da nossa idade e do número de acusações contra nós. O resultado foi o seguinte:

Knud Pedersen: três anos, por vinte e três acusações.

Jens Pedersen: três anos, por oito acusações (mas ele era dezoito meses mais velho do que eu, então recebemos a mesma pena).

Uffe Darket: dois anos e seis meses, por seis acusações.

Eigil Astrup-Frederiksen: dois anos, por oito acusações.

Mogens Fjellerup: dois anos, por oito acusações.

Helge Milo: um ano e seis meses, por nove acusações.

Mogens Thomsen: um ano e seis meses, por quatro acusações.

Nossos três colegas mais velhos, de Brønderslev, receberam sentenças mais longas por serem adultos, na faixa dos 20 anos. Os resultados foram:

Knud Hornbo: cinco anos, por uma acusação (passar as granadas para nós).

Kaj Houlberg: cinco anos, por uma acusação (idem).

Alf Houlberg: quatro anos e seis meses, por quatro acusações.

Também fomos sentenciados a pagar os custos processuais, assim como os honorários do nosso "brilhante" advogado, Grunwald. Além disso, Jens, Uffe, Alf e eu fomos intimados a indenizar o exército alemão por todas as suas propriedades destruídas por nós. A fatura era de exatamente 1.860.000 coroas, ou 12.538 reichsmarks (mais ou menos 400 mil dólares hoje em dia). "Sem problema", pensamos. "Poremos um cheque no correio para vocês pela manhã".

Segundo a lei dinamarquesa, teríamos direito à liberdade condicional depois de cumprir dois terços das nossas penas, dois anos e um mês no meu caso e no de Jens. No instante em que o juiz Andersen bateu o martelo e encerrou o caso, Grunwald veio até nós acenando com os braços, grudou seu rosto rosado no nosso e gritou: "Agora vocês se arrependem? *Agora* vocês se arrependem? É óbvio que sim!".

Syv Skoleelever idømt Fængsel for Sabotage mod den tyske Værnemagt

Tre til fem Aars Fængsel, for Hærværk, Ildpaasættelse og Vaabentyverier i Aalborg

Drengene i Alderen 15—17 Aar. Ogsaa tre Voksne i Fængsel

■ Manchetes sobre a sentença do Clube Churchill em um jornal de Aalborg: "Sete estudantes sentenciados à prisão por sabotagem da Wehrmacht alemã/ Reclusão de três a cinco anos por vandalismo, incêndio criminoso e roubo de armas em Aalborg/ Garotos entre 15 e 17 anos. Três adultos também presos".

Ao deixarmos o tribunal, o juiz Andersen disse o meu nome e indicou que eu voltasse até sua mesa. Havia lágrimas em seus olhos, e sua voz falhou ao falar: "Soube da sua tentativa de escapar da prisão. Fiz tudo o que podia por vocês. Por favor, me prometa uma coisa... Para seu próprio bem, Knud. Não tente escapar de novo".

O dia de visitas da família foi logo depois da sentença dos prisioneiros. O comparecimento foi grande, o que não era de se surpreender, já que, por um bom tempo, poderia ser a última vez em que eles se viam. As autoridades deixaram os meninos socializarem como um grupo na sala da frente da cadeia. A confeitaria Kristine enviou tortas cremosas. Parentes levaram comida, fumo e material de leitura. Dadas as circunstâncias, foi tão festivo quanto uma cadeia pode ser.

KNUD PEDERSEN: A certa altura, enquanto os prisioneiros e os familiares abraçavam-se, o irmão mais novo de Alf, Tage, entregou-lhe uma revista. Dentro havia uma lâmina de serra com cerca de 30 centímetros. Quando um guarda pediu para dar uma olhada na revista, Alf já tinha escondido a lâmina afiada e flexível num buraco que havia aberto no bolso do seu paletó na semana anterior, quando Tage disse-lhe que se preparasse para a ferramenta. Mais tarde, acenando em despedida, ele a levou para a cela. Tínhamos outra chance!

Jens e Alf – agora colegas de cela – puseram-se a trabalhar naquela mesma tarde. Forçar uma lâmina fina para frente e para trás em uma barra de metal quadrada revelou-se uma tarefa lenta e barulhenta. Eles só podiam trabalhar de dia, porque havia um toque de recolher rígido e silêncio obrigatório à noite. Sozinho na cela ao lado, tentei fazer tanto barulho quanto possível. Virei percussionista, improvisando longos solos com colheres em uma caixa de bolo de metal. Juntos, nós, membros do Clube Churchill, berramos todas as músicas que conhecíamos pelas barras da janela das nossas celas.

Havia todo tipo de músicas sobre Hitler e seus comparsas. Uma delas dizia:

> Primeiro pegamos o velho Göring
> Pelas panturrilhas grandes e gordas.
> Depois nocauteamos Goebbels –
> Não fazemos nada pelas metades.
> Penduraremos Hitler por uma corda
> E logo ao lado dele Ribbentrop:
> Vejam o quanto é estúpido, todos à vista,
> Um, dois três, quatro porcos nazistas.

Com a transferência para o presídio estadual pairando próxima, em alguma data desconhecida, Jens e Alf trabalhavam feito loucos, serrando pela nossa liberdade. Não havia como saber quando seríamos transportados – dali a dias? Semanas? Meses? Só sabíamos que queríamos dar o fora antes que o ônibus chegasse para nos levar.

■ O telhado da cadeia King Hans Gades, mostrando a janela gradeada (em primeiro plano) para a qual Jens e Alf fizeram uma barra fictícia.

Não se tratava apenas de tirar uma parte da barra central da janela da cela; também queríamos *substituir* a barra para que, durante o dia, ninguém notasse que ela estava faltando. Engenhosamente, Jens construiu o mecanismo perfeito: uma barra falsa com um pino de madeira em uma extremidade, que se encaixava em uma fenda na barra. Se acontecesse de um guarda puxar a barra durante a inspeção semanal, ela permaneceria firme. O guarda teria que empurrá-la – o que era improvável – para que ela se mexesse. Era um artefato brilhante; podíamos deixar a barra na janela durante o dia, e Jens e Alf podiam entrar e sair do presídio à noite. Dessa maneira, podíamos continuar com as sabotagens à noite e batalhar uma fuga para todo o grupo – sem que percebessem.

No começo de setembro, tínhamos aberto uma parte da barra central grande o suficiente para que um rapaz magro passasse por ela. Mas a cor do pino de madeira era muito clara, não combinava com o restante da grade. Assim, durante o tempo no pátio, pegamos um galho e quebramos uma janela. No dia seguinte, quando um guarda substituiu a janela quebrada, raspamos um pouco da calafetagem usada para manter a vidraça no lugar, revestimos nossa barra com ela e pintamos por cima com a tinta preta que tínhamos na nossa cela. Ficou perfeito!

Então, logo depois de terminado o trabalho na barra, e pouco antes de termos uma chance para experimentá-la, as chaves chacoalharam mais uma vez e a porta da minha cela foi aberta. O guarda mandou que eu me levantasse e me vestisse. Olhei em volta. Estava um breu. Do que se tratava?

Às 5 da manhã daquele sábado, Knud e os outros meninos estavam em um ônibus, cada um deles algemado a um guarda, a caminho do Presídio Estadual de Nyborg. As autoridades haviam retirado os garotos de Aalborg em segredo, na calada da noite, para que cidadãos ultrajados não tivessem tempo de organizar um protesto a seu favor. No ônibus estavam apenas os seis estudantes da Escola Catedral e Uffe; os irmãos Houlberg e Knud Hornbo haviam sido deixados para trás. Os meninos seguiram num ruído surdo na primeira luz da manhã até um endereço sombrio e distante, deixando para trás amigos e família. Era cerca de meio-dia quando o ônibus saiu da estrada e eles viram pela primeira vez sua nova casa.

Como membros do Clube Churchill, tinham passado quase um ano promovendo ataques rápidos, escapando de situações perigosas e caçoando das autoridades a uma distância segura. Uma olhada para o Presídio Estadual de Nyborg revelou aos meninos que, finalmente, eles já não tinham cartas na manga.

■ Close da janela da cadeia King Hans Gades, com a barra falsa.

14

Novamente à solta?

OUTUBRO DE 1942. A POLÍCIA dinamarquesa e as autoridades prisionais coçaram a cabeça ao procurar um sentido para a nova onda de ataques às propriedades alemás em Aalborg, principalmente carros. Um conversível alemão foi encontrado no fiorde, virado de lado como uma baleia encalhada. Investigadores concluíram que alguém devia ter ligado o motor sem o uso de chave, dirigido em alta velocidade até o porto e saltado fora pouco antes de o automóvel disparar sobre o cais como um míssil. As forças militares alemás voltaram a se agitar. "Resolvam isto imediatamente", vociferaram, "ou nós resolveremos." Era como se tudo tivesse voltado à estaca zero.

Mas quem poderia ter feito tais coisas? Todos os meninos do Clube Churchill da Escola Catedral tinham sido transferidos para o Presídio Estadual de Nyborg. Os três prisioneiros mais velhos – Alf e Kaj Houlberg e Knud Hornbo – ainda estavam trancafiados na cadeia King Hans Gades, em Aalborg. Na verdade, agora eles estavam juntos em uma cela. Espiando pelo olho mágico, os guardas observavam os três rapazes lendo, conversando, montando aviões em miniatura e jogando xadrez. Pareciam bocejar e cochilar muito, mas a vida na cadeia dificilmente é animada.

Os três colegas de cela aquietavam-se à noite, como todos no prédio, quando as luzes se apagavam. Ou, pelo menos, era o que parecia.

Mas acontece que a cela em que eles estavam era a que tinha a barra falsa. Quando a escuridão e o silêncio baixavam sobre a cadeia, os três tornavam-se alertas como gatos. Levantavam-se, pegavam as camisas e calças atrás da cama e se vestiam. Toda noite, Alf deixava um pedaço de papel em um banquinho no centro da cela. Nele, escrevia o número do telefone dos pais e um curto recado a seus carcereiros dinamarqueses: "Por favor, não chamem a polícia. Liguem para este número e voltaremos imediatamente".

Fotografia dos Três de Brønderslev no pátio da prisão: Kaj (8), Alf (9) e Knud H. (0).

Geralmente, o primeiro a sair era Alf. Subia numa cadeira, removia a barra falsa, espremia-se pela abertura e rastejava por uma cobertura em frente à janela. Depois era a vez de Knud Hornbo, um pouco rechonchudo. Na primeira tentativa, no meio do caminho pela abertura, ficou entalado. Tentou não gritar de medo ou dor. Alf puxava de fora e Kaj empurrava de dentro, até que, finalmente, conseguiram tirá-lo, distendendo seu braço no processo. Kaj deslizou com facilidade.

O resto era simples. Rastejavam sobre a tela de arame acima do pátio externo e pulavam para a horta da prisão. Em seguida, depois de se esconder nos densos arbustos até perceber que o caminho estava desimpedido, saíam para a rua como homens livres.

Knud Hornbo e os irmãos Houlberg escaparam dezenove vezes seguidas. O trio ficou tão acostumado a deixar a prisão que, um dia, saíram cedo demais e se viram desconfortavelmente na rua em plena luz do dia. Entraram em um cinema e sentaram-se. Depois de acostumarem os olhos à escuridão, descobriram que estavam sentados em meio a soldados alemães, que apreciavam um noticiário semanal sobre os heroicos feitos alemães em campo de batalha.

A rotina noturna de escapada dos prisioneiros raramente variava. No início eles continuaram o trabalho do Clube Churchill, arrebentando os painéis de instrumento dos conversíveis alemães desprotegidos e incendiando-os. Ao terminarem, os três caminhavam até a casa dos Houlberg e jantavam com a família de Alf e Kaj. O choque da primeira noite ao ver os rapazes em sua porta logo deu lugar a euforia e esquemas. Agora, eles procuravam encontrar um barco que os tirasse do Limfjorden e os levasse para a Suécia.

Na 19ª noite de liberdade, os jovens despediram-se dos Houlberg e começaram a voltar para a cadeia. Caminhando, concordaram que tinha sido uma bela noite; haviam encontrado e desmantelado um estiloso conversível alemão, colocando seu sistema elétrico em pane. O jantar fora uma ocasião festiva, com boa comida e canções em voz alta. Velhos amigos tinham entrado e saído por sua porta aberta. Todos haviam acenado com bandeiras norueguesas e dinamarquesas. E o melhor de tudo: o Sr. Houlberg avisou que haviam encontrado um barco cujo capitão parecia interessado em levá-los para a Suécia. "Estejam preparados", dissera o Sr. Houlberg. "Pode acontecer a qualquer momento."

E então, enquanto caminhavam pela manhã gelada, uma sirene rasgou o silêncio da madrugada de Aalborg. Ficaram paralisados. Às 4 da manhã, as ruas estavam praticamente vazias, portanto, três rapazes pareceriam suspeitos. Conforme as sirenes prosseguiam, suas mentes se agitaram. O que deveriam fazer: correr de volta para casa? Correr para a cadeia? Estavam longe demais de qualquer um dos dois lugares. Após um alerta de ataque aéreo, todos deviam se dirigir para um abrigo, mas as autoridades dos abrigos sempre pediam carteira de identidade. As deles tinham sido confiscadas na prisão. O trio refugiou-se na entrada de um prédio próximo para trocar ideias e estabelecer um plano. Dois policiais perceberam seu movimento. Um acendeu a lanterna na reentrância escura e encontrou seis olhos vermelhos como os de coelhos. "Posso ver seus documentos?", pediu.

Logo todos estavam na delegacia, onde policiais perplexos reconheceram os três artistas da fuga, mas já não podiam protegê-los. Soldados alemães levaram-nos sob custódia e reuniram o restante da família Houlberg. Interrogadores logo esclareceram o mistério da destruição das propriedades alemãs. Alf e Kaj Houlberg e Knud Hornbo foram rapidamente julgados e condenados em corte militar alemã, e levados para uma prisão alemã. Cada um recebeu uma sentença de mais de dez anos.

Os policiais dinamarqueses protestaram com veemência. Crimes supostamente cometidos por dinamarqueses em solo dinamarquês deveriam ser julgados por dinamarqueses, esse era o acordo feito entre eles. A Dinamarca insistiu na devolução dos três. Mas as autoridades alemãs não cediam. Acusaram o chefe da polícia dinamarquesa de ser conivente com a barra falsa da janela. Os prisioneiros não poderiam ter feito algo desse tipo sozinhos, é o que acusavam. Teria sido barulhento demais. Eles tinham que ter tido ajuda.

De qualquer maneira, o Clube Churchill tinha sido, agora, completamente jogado para escanteio. Por dez meses, desde marcar muros com tinta azul e virar placas até o roubo de armas e a destruição de importantes bens alemães, os primeiros a resistir à ocupação tinham atormentado seus "protetores" e despertado a coragem de muitos dinamarqueses. Mas com os Três de Brønderslev em cativeiro alemão, e os sete mais novos presos em Nyborg, pelo menos por enquanto, parecia que o Clube Churchill tinha virado história.

Soldados alemães em frente a uma prisão dinamarquesa, 1943.

15

Presídio Estadual de Nyborg

A FORTALEZA CONHECIDA COMO Nyborg Statsfængsel continha oitocentos homens adultos atrás de um labirinto de muros de tijolos vermelhos e arame farpado. Muitos detentos cumpriam pena por crimes violentos. Às vezes eram amontoados quatro em uma cela. Guardas armados e uniformizados patrulhavam uma passarela acima do muro perimetral.

Por volta do meio-dia de um dia de setembro de 1942, sete adolescentes algemados desceram do ônibus e aguardaram apreensivos enquanto a papelada era finalizada. Quando o ônibus partiu para Aalborg, com o motorista acenando para eles e lhes desejando boa sorte, foram levados em custódia por guardas de uniforme preto com botões dourados, que os conduziram para o prédio principal, de teto alto. Um dos meninos, nervoso, soltou uma piada, o que fez um guarda girar para trás. "Toda conversa está proibida", gritou.

Os meninos foram separados. Cada um deles recebeu ordem para esvaziar os bolsos. Todos os pertences foram confiscados, até óculos e fotos familiares. Viram-se obrigados a ficar nus, curvar-se e receber exame anal.

Entregaram-lhes uniformes prisionais: calças compridas e um casaco todo abotoado. Parte dos braços e das pernas de Knud Pedersen ficou para fora, como de costume. Em seguida, foi a vez do barbeiro. Tufos de cabelos dos adolescentes, cuidadosamente penteados, caíram ao chão sob um barbeador elétrico. "Quando perdi a maior parte do meu cabelo, também perdi grande parte de mim", Eigil Astrup-Frederiksen lembrou-se mais tarde.

Os meninos foram levados para a ala jovem do presídio, Divisão K. Eram os únicos ocupantes. Cada um deles recebeu um número de cela e um número pessoal. Knud Pedersen, agora prisioneiro 28, entrou na cela 1. Jens Pedersen, prisioneiro número 30, foi trancado na cela 2. Dali em diante, os guardas dirigiam-se a eles pelos seus números – "Levante-se, 30!" –, e não pelos nomes.

Cada uma das celas apertadas continha uma cama com estrutura de ferro, uma mesa e uma cadeira. O vaso sanitário era um penico de barro que deveria ser limpo pelo prisioneiro. Cada menino recebia duas folhas de papel higiênico por dia. Como na cadeia King Hans Gades, as celas consistiam em quatro paredes sólidas. A entrada era por uma porta pesada, sem maçaneta do lado de dentro, mas com um olho mágico através do qual era possível espiar o interior. Uma janelinha com grade dava para um muro alto de tijolos vermelhos, patrulhado por um guarda dinamarquês. "Eu olhava o sujeito", Knud lembra-se. "Ele ficava tão entediado que, às vezes, dava para vê-lo contando com o dedo o número de tijolos no muro. Isso era tudo o que ele tinha pra fazer."

Eles eram regidos por inúmeras regras, aplicadas implacavelmente. Os pais só podiam visitar uma vez a cada três meses e apenas por vinte minutos. As conversas das famílias eram monitoradas por guardas. Os prisioneiros deveriam ficar em posição de sentido e fazer saudação sempre que o diretor aparecesse. Quando era hora de sair para uma breve caminhada matinal, eles se enfileiravam com o nariz junto a um muro de tijolos, os braços pendendo dos lados. Quando eram dispensados por um comando, andavam a um metro de distância um do outro e permaneciam totalmente em silêncio. Um sorriso poderia custar uma refeição.

Recebiam três refeições reduzidas por dia. O café da manhã consistia de três fatias de pão de centeio. O almoço era mingau. O jantar, geralmente, consistia de uma pequena porção de alimento quente. Em pouco tempo, os meninos emagreceram. "Um dia, morto de fome, perguntei a um guarda se podia receber mais uma porção", Eigil escreveu depois. "Ele respondeu, irritado, que não era para ficarmos obesos. Levou embora a minha refeição. Perdi vinte quilos no primeiro ou segundo mês."

Seguiam uma dura rotina diária. A vibração intensa de um toque de sino às 6 da manhã os sacudia até despertarem, e eles se punham de pé aos tropeços. Faziam suas necessidades, lavavam o chão e devoravam o café da manhã. O trabalho começava às 7. Trabalhavam dez horas por dia em suas celas, organizando monotonamente montanhas de cartões-postais da gráfica do presídio em grupos de vinte e cinco. Seguiam trabalhando até as 6 da tarde. A cada duas semanas tomavam uma ducha quente. Aos domingos, era-lhes oferecida a oportunidade de ir à igreja. Em casa, tinham avidamente faltado aos cultos da igreja do reverendo Pedersen para praticar tiros com a metralhadora no sótão do monastério, mas agora agarravam qualquer mínima chance de quebrar o tédio da prisão. Cada um dos sete sentava-se sozinho em uma cabine fechada, disposta num ângulo em que podiam ver o pastor, mas não uns aos outros.

A reação ao encarceramento variou entre os meninos. Eigil lutou para afastar sentimentos de desespero. "Eu sentia falta dos meus companheiros", escreveu mais tarde. "A solidão era enorme. Nos meus pensamentos, convenci-me de que tinha feito a coisa certa, participando da luta contra os alemães. Mas, nas inúmeras horas de solidão, a dúvida vinha assim mesmo, com frequência, muito insidiosa. Não havia com quem conversar, a não ser eu mesmo. A luz da cela era apagada às 9 da noite. Muitas vezes, fiquei deitado na cama, lutando contra a tentação de desistir, de pegar uma lâmina e cortar os pulsos, para acabar com as batidas do meu coração. Eu não seria descoberto até as 4 da manhã, dizia a mim mesmo."

Em compensação, Uffe Darket parecia ter uma alegria interior mesmo sob as circunstâncias mais sombrias. Enquanto os outros se sentavam em seus catres, olhando a neve encardida através das janelas gradeadas, muitas vezes escutavam Uffe cantando sua canção preferida, que começava com "Haverá flores na janela onde minha amada estará vivendo".

Knud Pedersen não tinha intenção de tirar a própria vida, mas estava irritado demais para cantar.

KNUD PEDERSEN: Não me adaptei. Olhava os carcereiros dinamarqueses como colaboradores dos alemães e traidores. Estava em terreno inimigo. Fui castigado várias vezes em Nyborg. Na maioria delas, tiravam-me coisas. Levaram meu material de desenho e livros da biblioteca do presídio. Por um mês tiraram o *"happy hour"*, entre 8 e 9 da noite, a única hora em que eu podia falar com meus companheiros. Uma vez, joguei um balde de água nas costas de um guarda quando ele não estava olhando. Ele jamais me perdoou. Arrebentei meu próprio relógio de bolso no chão da prisão. Eles consertaram-no e me tiraram cinco dias de trabalho. Fui punido por manter a cela suja, por não obedecer a ordens, por conversar com meus amigos quando me mandaram calar a boca. E eu era um alvo fácil, alto demais para me esconder atrás de quem quer que fosse.

Eles tentavam arrancar sua identidade e brincar com sua cabeça. Havia um guardinha, rechonchudo e de rosto vermelho, que de fato me odiava. Ficava brincando com as chaves em frente à minha cela. O som levava-me à loucura, porque eu sabia que a pessoa que tilintava as chaves estava livre. Ele também contava com o olho mágico na porta. Eu sempre tinha a sensação de estar sendo observado.

Uma noite, quando estava na cama, vi um camundongo na minha cela, iluminado pelo luar no chão. Estava simplesmente ali, olhando para mim. Fiquei apavorado. Pulei para cima da cama, berrando. Os guardas vieram correndo. Quando descobriram o que estava acontecendo, morreram de rir. Gritei de volta: "Vocês riem só porque estão armados, estão protegidos!". Eles bateram a porta e se juntaram do lado de fora para assistir ao meu sofrimento pelo olho mágico. "O camundongo vai te pegar, 28!", gargalhou o guarda gorducho. O camundongo correu de mansinho pelos canos do aquecedor e pareceu tentar se acomodar para passar a noite. Eu ouvia cada barulho que ele fazia. Embrulhei a cabeça com o lençol para bloquear o som, mas nem isso funcionou. Na manhã seguinte, Uffe entrou, encurralou o pobre animal e levou-o embora.

Minha obsessão por Grethe piorou. Agora ela era uma deusa para mim, ocupando meus pensamentos e sonhos. Só nos era permitido escrever uma carta para casa a cada duas semanas, não ultrapassando quatro páginas. Algumas vezes, elas eram tão censuradas que quase todas as palavras eram riscadas. Eu usava as quatro páginas para escrever sobre Grethe. Meus pais queriam saber sobre a minha saúde; eu queria uma fotografia de Grethe. Minha irmã dizia que Grethe mandava lembranças. Eu queria sua foto. Por fim, preocupada, minha família conseguiu uma foto dela, sentada no chão com cinco cachorrinhos filhotes. Foi tudo o que consegui.

Desenho de Knud Pedersen feito na prisão, que retrata um passeio romântico, em sonhos, com Grethe.

Os meninos estavam sedentos por notícias da guerra, esperando que os britânicos estivessem ganhando terreno contra a Alemanha. Mas, durante as visitas familiares, era proibido abordar acontecimentos políticos. As conversas eram monitoradas de perto pelos guardas. O presídio distribuía um jornal semanal intitulado *Perto e Longe*, que trazia uma versão nazista otimista da guerra, juntamente com alegres histórias familiares e uma página de esportes. Os meninos liam-no repetidamente. Os pais tentavam trazer notícias, mas pouca coisa passava pelos guardas que monitoravam as conversas.

Ainda assim, vazavam informações. Uma noite, à hora de dormir, os guardas mandaram os meninos tirarem os sapatos e entregá-los pela porta. O que era aquilo? Não fazia o menor sentido. A explicação veio, aos cochichos, durante uma visita familiar: Knud Hornbo e os irmãos Houlberg tinham permanecido em Aalborg, onde haviam compartilhado a cela com a barra falsa para fuga, moldada por Alf e Jens. À noite, saíam para fazer sabotagens, voltando pela manhã. Mas tinham acabado de ser capturados durante uma dessas escapadas pela barra falsa. Agora, os sapatos faziam sentido; o diretor não queria que acontecesse a mesma coisa em Nyborg. "Tirem os sapatos deles", ordenou aos guardas. "Eles que não venham com ideias."

■ Propaganda produzida pela RAF para encorajar os combatentes da resistência.

VI VIL VINDE [NÓS VAMOS VENCER]

Em 1943, o impacto do Clube Churchill cresceu progressivamente do lado de fora dos muros da prisão. Em janeiro, a Força Aérea Real Britânica jogou do alto, por toda a Dinamarca, folhetos contando a história do clube, repetindo o gesto em julho. O segundo folheto concluía: "Os estudantes de Aalborg deveriam poder comparar seus feitos com alguns dos melhores que ocorreram em outros países ocupados. Em abril, a série radiofônica americana *The March of Time* [A marcha do tempo] encenou a sabotagem dos meninos de Aalborg. Na radionovela, o juiz dinamarquês, em lágrimas, terminava de dar a sentença dizendo: "Sejam corajosos, meninos! Vocês jamais cumprirão toda a sentença porque logo a Dinamarca e o mundo todo verão tempos mais felizes. Tenham paciência. Não precisarão esperar muito". ■

Apesar da censura, notícias da guerra vazavam para dentro do presídio, correndo de cela em cela. Detentos souberam de uma grande vitória aliada em El Alamein, Norte da África, e mais avanços em Stalingrado, Rússia. Às vezes, a informação vinha de fontes inesperadas.

KNUD PEDERSEN: Um dia, na biblioteca, conheci um prisioneiro, encarcerado alguns meses depois de nós. Ele sabia quem éramos e tinha escutado que estávamos em Nyborg. De duas em duas semanas, vinha em cada cela empurrando um carrinho de livros, oferecendo-os para leitura. Um guarda seguia logo atrás dele. Na primeira vez em que ele veio até mim, olhou nos meus olhos e me disse para escolher um determinado livro, e virar em determinada página. Nela, encontrei um código. Soletrando com combinações de palavras e letras sublinhadas, fui informado sobre o bombardeio britânico do estaleiro Burmeister & Wain, em Copenhague. Isso foi em 1943, e nunca mais nos encontramos depois da guerra. Ele foi muito corajoso e esperto ao me informar desse jeito.

O Clube Churchill permaneceu um poderoso símbolo de resistência na Dinamarca, mesmo quando seus membros definhavam atrás das grades. Um dia, disseram-lhes para vestir suas roupas civis e se reunir na sala principal. Ali, à espera, estava um homem vestido formalmente, com um rosto suave e familiar, cabelos encaracolados. Era o secretário de justiça da Dinamarca, Thune Jacobsen. Disse que queria falar com eles, ver como estavam passando. "Seu tom era de quem se desculpava", Eigil lembrou-se. "Pediu que tivéssemos paciência, que entendêssemos que ele estava fazendo o melhor possível para o benefício de todos os dinamarqueses. Não era um inseto nazista, disse. Quanto mais ele falava, mais fazia papel de bobo. Para nós, ele era um daqueles que ajudavam os alemães."

A CRISE DO TELEGRAMA

Mais para o final de 1942, Adolf Hitler enviou ao rei da Dinamarca, Christian X, um telegrama pessoal e simpático, cumprimentando-o pelo seu 72º aniversário. O rei respondeu com um mero: "Meu profundo agradecimento, [assinado] Christian Rex". Hitler tomou aquilo como um menosprezo pessoal. Enraivecido, mandou vir imediatamente seu embaixador de Copenhague e expulsou o embaixador dinamarquês da Alemanha. Mandou Werner Best, um nazista dedicado e membro da Gestapo, para Copenhague como comandante supremo da Dinamarca.

Adolf Hitler.

KNUD PEDERSEN: Thune era o pior tipo de colaborador nazista. Dizia que nosso trabalho tinha sido inútil porque os britânicos não queriam que os dinamarqueses cometessem atos de sabotagem contra os alemães. Mas nós sabíamos que era mentira. Os britânicos já tinham organizado uma força de sabotagem dinamarquesa, e nós tínhamos conhecimento disso. Ele nos disse que deveríamos ser gratos por termos boas casas para onde voltar, ao contrário de muitos prisioneiros ali. Fiquei enojado. Minha carta a meus pais na semana que se seguiu à sua visita estava tão cheia de desprezo por ele que os guardas devolveram-na para mim três vezes, para ser reescrita. Por fim, não mandei nada.

Uma noite, chegou um novo grupo de prisioneiros em Nyborg. A notícia correu pelas celas de janela em janela. Eram estudantes de Aalborg. Seu grupo era chamado Liga da Liberdade da Dinamarca. Tinham se inspirado em nós. Como nós, tinham sido pegos pela polícia dinamarquesa. Disseram que havia muitos outros lá fora, que a resistência estava crescendo. Aquela foi a melhor notícia que recebemos, o melhor sinal de todos.

A sentença de um prisioneiro em Nyborg era dividida em três estágios. Os prisioneiros recém-chegados, no estágio 1, quase não tinham privilégios. Os livros emprestados da biblioteca do presídio tinham que ter um cunho religioso. Os familiares só podiam escrever uma carta a cada duas semanas.

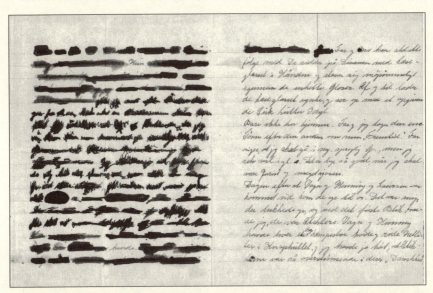

■ Uma das cartas de Knud para sua família, escritas na prisão, com uma porção significativa riscada.

No estágio 2 as coisas relaxavam um pouco; os prisioneiros podiam ir a uma sala jogar pingue-pongue ou xadrez, entre 8 e 9 da noite. Ou podiam usar esse "*happy hour*", como era chamado, para conversar entre si.

No estágio 2, os prisioneiros podiam retirar qualquer livro na biblioteca. Knud Pedersen usou essa oportunidade para se atualizar nas obras clássicas da literatura, de autores como Goethe, Schiller e Homero. Nesse estágio os prisioneiros também recebiam um pequeno vaso com terra, que podiam usar como quisessem. Eigil transformou o dele em um parque com castelos; Jens fez uma horta; Uffe fez um lindo jardim de pedras; Knud deixou o seu crescer à vontade.

Nos estágios 2 e 3, os prisioneiros também podiam ter materiais de hobby em suas celas. Uffe finalmente conseguiu material para esculpir aviões de madeira. Knud recebeu um bloco de desenho para artista. Pretendia desenhar cenários para peças teatrais, até notar um aviso impresso na primeira página.

KNUD PEDERSEN: Uma mensagem com letras em negrito dizia: "Não é permitido desenhar mulheres nuas". Preenchi o caderno todo com mulheres nuas e, quando recebi meu mingau na manhã seguinte, usei-o como cola e cobri todas as paredes da minha cela com os desenhos. Foi minha primeira exposição de arte. Lá se foi todo o meu material de hobby pelos próximos dois meses. Eu era um prisioneiro terrível.

Um dia, mais para o final de 1942, um homem alto, magro e de pernas compridas, usando óculos, apresentou-se aos meninos como Hugo Worsaae Petersen. Eles podiam chamá-lo Sr. Worsaae. Tinha sido enviado pelo presídio para ser professor deles, já que ainda estavam em idade escolar. Trabalhariam em uma sala grande, transformada em sala de aula. A primeira tarefa seria completar seu exame de ensino médio. Seus velhos livros didáticos estavam a caminho, vindos de Aalborg, e eles estudariam por uma hora depois do café da manhã, todos os dias, às vezes em grupos de três ou quatro. Estudariam dinamarquês, história, alemão, aritmética e geometria. Fariam seus exames escritos dentro das celas. Os exames orais seriam na sala de aula.

Depois de meses de dureza, o Sr. Worsaae era um respiro. Falava com eles como seres humanos. Providenciou visitas de poetas conhecidos ao presídio e convenceu as autoridades prisionais a devolver os relógios, os óculos e as fotos familiares dos meninos. Até conseguiu que alguns dos guardas chamassem-nos pelos seus nomes, e não pelos números.

KNUD PEDERSEN: O Sr. Worsaae incentivou meu interesse por arte. Deu-me muito mais revistas de arte do que o regulamento permitia. Lia as peças de Henrik Ibsen para nós nas tardes de domingo. Era um ator maravilhoso.

Foi especialmente carinhoso conosco na época do Natal, o que significou muito. Era o primeiro Natal que qualquer um de nós passava longe de casa. Lembranças de famílias e amigos voltaram com força. Eu queria chorar, mas tinha me esquecido como. Por fim, descobri que cantando baixinho músicas de Natal em minha cela, à noite, conseguia fazer as lágrimas descerem pelo meu rosto. Cantei todas as músicas que conhecia e chorei todo o dia seguinte.

O Sr. Worsaae fez questão que fôssemos tratados de modo especial na véspera de Natal, que era quando celebrávamos a data. Fomos chamados para a sala de aula e nos serviram um delicioso filé de porco e sobremesa. Decorei a sala com uma escultura de uma colina coberta de neve. Também desenhei uma paisagem nevada no quadro-negro.

Devoramos tanta comida pesada naquela noite que, no dia de Natal, tiveram que nos dar arenque frito para absorver a gordura. O dia foi todo maravilhoso. No dia seguinte, enquanto estávamos na faxina, o guarda rechonchudo, que era meu arqui-inimigo, observou-me em silêncio enquanto eu empurrava minha escultura de neve para um canto mais distante. Por fim, ele gritou do outro lado da sala: "Tome bastante cuidado com esse troço, 28... Você vai ter que trazer isso de volta no próximo Natal". Era um lembrete cruel de que eu ainda tinha mais de um ano para cumprir em Nyborg. Ele não precisava ter dito isso. Os guardas eram robôs.

Logo depois do Ano Novo, o Sr. Worsaae entristeceu-nos ao avisar que deixaria Nyborg para uma nova designação.

Em abril de 1943, Helge Milo e Mogens Thomsen, os meninos que tinham recebido as sentenças menores, foram soltos da prisão e levados para casa por suas famílias. Restavam cinco.

Quatro meses depois, no final de agosto de 1943, os prisioneiros correram para suas janelas ao ouvir o ronco de aviões. Eigil escreveu: "Vi um grande grupo de bombardeiros Aliados passar voando. Foi glorioso. 'Agora, os alemães finalmente receberão o que merecem', pensei. Três ou quatro horas depois, eles voaram de volta, mas já não eram tantos".

29 DE AGOSTO DE 1943

Os sons que os membros do Clube Churchill ouviram do lado de fora das celas, em 29 de agosto de 1943, refletiam uma insurreição na sociedade dinamarquesa. Durante a primavera daquele ano, a Alemanha havia tido frustrações crescentes com as greves dos operários do país em busca de melhores salários. Quando os alemães reprimiram com medidas brutais, os dinamarqueses de 33 cidades pararam de trabalhar. Os alemães emitiram ordens proibindo concentrações e encontros públicos depois do anoitecer. Os dinamarqueses recusaram-se a cooperar. Em 29 de agosto, a Alemanha, exasperada, assumiu o governo da Dinamarca, posicionando tropas em estações ferroviárias, usinas de energia, fábricas e outros locais-chave, inclusive, como os meninos descobriram, no Presídio Estadual de Nyborg. ■

Um dia, surgiram soldados alemães com rifles dentro do presídio. Das celas, os meninos podiam ouvir o bater de botas pesadas, mas não conseguiam ver o que estava acontecendo. Rumores passaram de janela em janela ao longo da ala da Divisão K: os soldados tinham vindo para levá-los para a Alemanha. Não, eles estavam reunindo os cidadãos dinamarqueses que mantinham armas em casa. Isso, de fato, fazia sentido; havia muito tempo que circulavam rumores de que os alemães armazenavam armas confiscadas no sótão gigantesco do presídio de Nyborg.

Após horas de uma espera ansiosa, um guarda veio até a Divisão K para informá-los que os governantes dinamarqueses haviam desafiado ordens e que a Alemanha havia assumido o governo. As autoridades dinamarquesas haviam se recusado a aceitar a continuação da ocupação alemã. O protetorado terminara. O que os meninos tinham escutado das janelas de suas celas era o som dos alemães atacando os dinamarqueses na costa de Nyborg, e os aviões Aliados reagindo.

"Foi assim que passei o 29 de agosto de 1943", Eigil escreveu. "Finalmente nosso país levantava-se, e nós nos comportávamos como os

■ Cidadãos dinamarqueses em Aalborg, agosto de 1943, em conflito aberto com ocupantes alemães.

noruegueses". Mas o que isso significaria para os meninos no presídio de Nyborg? Seriam agora mandados pelos brutais comandantes nazistas para as prisões alemãs? Ou agora o presídio onde estavam seria dirigido pela Gestapo? Como se verificou, os acontecimentos do dia mudaram muito pouco o Presídio Estadual de Nyborg.

KNUD PEDERSEN: A reviravolta para a Dinamarca deve ter sido o dia 29 de agosto de 1943, mas não mudou muita coisa para nós. A principal diferença que percebi foi que o guarda dinamarquês em frente à janela da minha cela – aquele que ia para lá e para cá contando tijolos no muro – foi substituído por um alemão de capacete, rifle e uniforme de guerra. Logo ele estava contando tijolos exatamente como o dinamarquês.

Três semanas depois, em 18 de setembro de 1943, Mogens Fjellerup – o Professor – e Eigil Astrup-Frederiksen foram soltos. Meses depois, Uffe Darket também disse adeus, e o Clube Churchill em Nyborg viu-se reduzido aos irmãos Pedersen. Os dois foram transferidos para outra unidade, mais próxima dos prisioneiros adultos.

O RESGATE DOS JUDEUS DINAMARQUESES

Em 28 de setembro de 1943, um diplomata alemão secretamente informou os líderes da resistência dinamarquesa dos planos nazistas de deportar judeus do país para campos de concentração alemães, para uma execução em massa. Rapidamente, os dinamarqueses organizaram um movimento em âmbito nacional para transportar os judeus, por mar, para a neutra Suécia. Inteirados dos planos alemães, a maioria dos judeus dinamarqueses deixou as cidades de trem, carro ou a pé. Os dinamarqueses não judeus esconderam-nos em casas, hospitais e igrejas, até que pudessem ser levados para a Suécia. Num prazo de duas semanas, pescadores ajudaram a transportar de barco cerca de 7.200 judeus dinamarqueses e 680 de seus familiares não judeus para o país vizinho.

O único membro do Clube Churchill diretamente afetado foi Eigil. Sua mãe era judia, e a família estava muito preocupada. Meros dez dias após sua soltura de Nyborg, ele lembra, "O padre da nossa paróquia avisou-nos para ir para um esconderijo [...]. Deixamos nossa casa e ficamos com amigos. Por sorte, os alemães não nos pegaram, então, passados alguns dias, voltamos para casa". ∎

∎ Reconstituição do resgate de barco, em outubro de 1943, de judeus dinamarqueses para a Suécia, em um filme sueco produzido em 1945.

■ Nos Estados Unidos, uma versão exagerada da história do Clube Churchill surgiu na edição de setembro de 1943 da revista em quadrinhos *True Comics*, sob o título "Os Meninos Sabotadores" (ver também p. 209).
QUADRINHOS REAIS (título); "A VERDADE é mais estranha, e mil vezes mais emocionante, do que a ficção"; "OS FUZILEIROS CHEGARAM"; "PHOTO JOE"; "OS MENINOS SABOTADORES"; "GENERAL FÚRIA"; "14 HISTÓRIAS EMPOLGANTES".

16

Primeiras horas de liberdade

EM 27 DE MAIO DE 1944, Knud e Jens Pedersen foram soltos do Presídio Estadual de Nyborg. Em um dos últimos dias antes de conseguir a liberdade, Jens prestou o exame escrito para a universidade de sua cela. Os guardas explicaram aos prisioneiros adultos que o número 30 estava tentando algo extremamente difícil, algo que exigia grande concentração. Como demonstração de respeito, toda a ala do presídio permaneceu em silêncio durante a manhã, enquanto Jens trabalhava. Até os guardas evitaram sacudir as chaves.

Ele obteve pontuação máxima. Um jornal controlado pelos nazistas reclamou em suas páginas que Jens Pedersen não deveria ter tido a oportunidade de fazer o exame. "Sua chance", disse o redator, "provava que agora era possível um sabotador ser juiz na Dinamarca".

Knud e Jens cumpriram, cada um, dois anos e um mês de pena. Embora já não fossem os prisioneiros 28 e 30, ambos tinham enormes ajustes pela frente.

KNUD PEDERSEN: É difícil imaginar, ou descrever, como eram longos os dias na prisão. Os minutos se arrastavam. Cada hora levava o dobro da anterior. Por fim, chegou o momento em que nossos nomes foram chamados, as portas das nossas celas foram abertas, e fomos levados até o portão, onde nossos pais nos esperavam. Acho que ficaram chocados com nossa aparência. Minhas roupas comuns pendiam como cortinas do meu corpo magro. Meu cabelo estava tão curto que mal se passava um pente. Minha mãe não conseguiu conter as lágrimas.

Caminhamos pela cidade de Nyborg até a estação e pegamos um trem para Odense. Lá, Knud Hedelund – o Knud Pequeno –, nosso companheiro do Clube RAF lá no começo da nossa resistência, esperava com os pais para nos receber calorosamente. Levaram-nos de carro, tratamento raro em tempos de guerra, para uma tremenda festa em nossa homenagem. Havia bandeiras dinamarquesas na mesa e patos assados nos pratos. O melhor de tudo foram os tomates maduros de cultivo doméstico, espécimes tão suculentos e abundantes que Jens e eu – depois de dois anos a pão e mingau – passamos grande parte da nossa primeira noite livre indo e voltando do banheiro.

Depois de brindes em nossa homenagem, saímos ao ar livre e demos uma volta ao luar com o Knud Pequeno. Finalmente, tínhamos uma chance de descobrir o que havia acontecido com nossos irmãos do Clube RAF. Onde estava nosso primo Hans Jøergen? E Harald Holm? Eles tinham continuado a atacar a máquina de guerra alemã? Estavam todos vivos? Estavam livres ou tinham sido capturados?

Fazia quase dois anos que não ouvíamos falar no Clube RAF. Meu primo Hans Jøergen, que como eu tinha então 18 anos, havia escrito para nós durante todo nosso período presos em Aalborg, trocando boletins de guerra em código com Jens. Mas depois perdemos contato com ele em Nyborg. Por algum motivo, ele parou completamente de escrever. Sua última mensagem dizia simplesmente: "Continuamos".

Nós três andamos entre as estufas de tomates da família Hedelund e o Knud Pequeno despejou o que sabia.

O Clube RAF tinha se expandido enquanto estávamos na prisão, incorporando mais colegas da escola de Odense. Fizeram vários ataques, sendo o mais marcante o que aconteceu em Naesby, nos arredores da cidade. Ali, os alemães haviam assumido uma fábrica de automóveis e a reequipado para fazer trailers para seus soldados no *front* leste. A fábrica era um alvo óbvio para o Clube RAF. Eles escolheram a noite do Festival do Rouxinol de Hans Christian Andersen para atacar, quando toda a população de Odense estava ocupada celebrando o autor mais famoso da Dinamarca.

Vários garotos do Clube RAF, um deles Hans Jøergen, entraram na fábrica pelo telhado e descobriram lá dentro um tesouro de materiais combustíveis: tíner, tintas e o melhor de tudo, galões com gasolina! Que presente eles poderiam preparar para o Terceiro Reich! Empilharam alguns trapos, ensoparam-nos com gasolina e subiram de volta para o telhado por uma escada que tinham colocado lá dentro. Dali, jogaram um fósforo ou um trapo aceso. Depois, pularam para o chão e saíram correndo. Em questão de minutos uma poderosa explosão chacoalhou o prédio.

Os outros convidados da festa chamavam-nos para voltar para dentro, mas aquilo era importante demais. No dia seguinte, teríamos que viajar para Aalborg, e ali estava nossa única chance de descobrir o que tinha acontecido. Ignoramos os chamados e ficamos lá fora para ouvir mais.

Knud Hedelund contou aos Pedersen que, quando os membros do Clube RAF fizeram 18 anos, alguns quiseram ir para a Inglaterra e se alistar nas forças britânicas, mas não era fácil. Eles teriam que fugir da Dinamarca para a Suécia, e depois fazer acordos secretos para continuar para a Grã-Bretanha.

Embora não soubessem, sua sorte já estava selada. Um dos membros mais novos do Clube RAF, acreditando ingenuamente que as autoridades dinamarquesas iriam ajudá-los a escapar para a Suécia, tinha mandado uma carta anônima para a polícia dinamarquesa dizendo: "Orla Mortensen [nome de um dos membros do RAF] está envolvido em importante sabotagem". E deu o nome completo de Orla e seu endereço.

Em questão de horas, Orla estava detido, e os outros, foragidos. Um membro do Clube RAF pulou da janela quando a polícia tocou sua campainha. O menino que havia escrito a carta foi seguido em sua bicicleta. Hans Jøergen foi dominado pela polícia dinamarquesa depois de uma perseguição a pé por um campo.

Eles foram imediatamente condenados a uma corte marcial alemã. Um mês depois, os meninos do Clube RAF estavam na prisão, deprimidos, à espera do seu destino e lançando olhares desconfiados entre si. Quem teria sido o rato? Logo esses membros do Clube RAF, incluindo Hans Jøergen, foram levados para o Presídio Ocidental, em Copenhague, controlado por alemães, numa ala especial reservada para prisioneiros políticos condenados por terem cometido atos de resistência.

Ao começarem a voltar para a festa, Knud Hedelund confessou estar profundamente preocupado com Hans Jøergen e os outros. Era sabido que, no Presídio Ocidental, resistentes importantes eram enviados para um lugar especial – mais tarde chamado de Parque do Memorial –, onde eram amarrados em árvores e fuzilados. Com isso em mente, eles voltaram para dentro.

Um desenho de Hans Jøergen Andersen de sua cela em Odense.

KNUD PEDERSEN: Voltamos a nos sentar à mesa para escutar mais discursos e receber mais homenagens à nossa coragem. Mas o relato do Knud Pequeno tinha nos levado de volta à realidade que, trancafiados como prisioneiros, não tínhamos encarado por um bom tempo. Continuávamos ocupados por um inimigo, e ainda estávamos em guerra.

Terminado o discurso final e o último brinde, meus anfitriões levaram-me para o meu quarto. Fechei a porta e me deitei na cama com a cabeça latejando.

Pela primeira vez em anos, estava deitado em um quarto cujas janelas não tinham grades. Era como uma nova vida. Talvez os adultos que haviam carinhosamente se reunido à nossa volta naquela noite, para celebrar nossa saída da prisão, quisessem nos dar a impressão de que havia paz no mundo, para que, pelo menos por um curto período, pudéssemos saborear a liberdade. Mas, nos minutos antes de adormecer, eu só conseguia pensar nos meus irmãos. Onde estaria Hans Jøergen naquela noite? Onde estaria Alf? Estariam vivos? Caí no sono com a lembrança reavivada de que ainda estávamos a caminho de um futuro incerto, e que ainda havia muito a fazer.

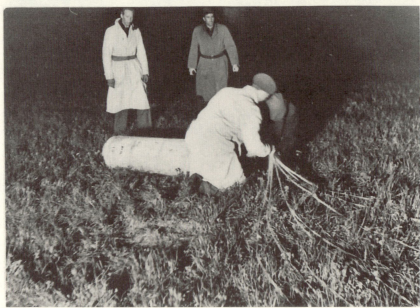

■ Em locais secretos, aviões britânicos jogavam contêineres com armas para os *partisans* dinamarqueses.

17

Melhor do lado de dentro

NA TARDE SEGUINTE, KNUD e Jens Pedersen pularam do vagão de passageiros de Odense, tiraram a bagagem da família do trem e ajudaram os pais a descer para a plataforma. Conforme o trem foi se afastando, o quarteto começou a caminhar pela estação cavernosa, chegando, por fim, à entrada em arco e saindo para as ruas ensolaradas de Aalborg.

Era maio de 1944. Ruas familiares revelavam uma Dinamarca que mudara radicalmente enquanto os irmãos estavam atrás das grades. Lojistas que, nos velhos tempos, haviam vendido mercadorias para soldados alemães agora olhavam pelas vitrines de lojas vazias. Outros estavam na calçada, varrendo, procurando à esquerda e à direita um freguês alemão. Agora estavam estigmatizados como traidores.

Exatamente dois anos antes, quando os membros do Clube Churchill tinham sido presos, os meninos achavam-se entre os raros que haviam enfrentado os opressores alemães. Tinham sido capturados, mas não antes de colocar a engrenagem em movimento. Havia agora uma resistência em plena atividade.

Em 1943, as sabotagens eram oito vezes mais frequentes do que em 1942. Em 1944, haviam sido cometidos tantos atos de violência contra propriedades alemãs que os ocupantes declararam a Dinamarca "território inimigo".

Aalborg havia se tornado um viveiro de resistência. Jardins de residências se estufavam de armas enterradas, contrabandeadas de fora, feitas em casa ou roubadas dos alemães. Jornais clandestinos, finalmente contando a verdade sobre a guerra, voavam de pequenas prensas escondidas e portáteis. Imensas greves de trabalhadores desafiavam a autoridade alemã.

Noite após noite, aviões britânicos desciam tubos de armas de paraquedas, em lugares predeterminados, por toda a Dinamarca. Em 1942, quando os membros do Clube Churchill foram capturados e presos, chocando o país, a Alemanha parecia invencível. Agora, dois anos depois, com as condições norueguesas finalmente alcançadas, Golias cambaleava.

Os Pedersen caminharam até o monastério. Largaram as malas e bateram à porta de entrada. Uma voz soou, escutou uma resposta e uma fresta na porta foi aberta. Então, ela se escancarou e Knud e Jens foram recebidos de braços abertos e sorrisos rasgados.

Os meninos logo descobriram que nenhum lugar em Aalborg tinha mudado mais do que sua própria casa. Nunca tendo sido um ambiente relaxante, o monastério havia se tornado uma verdadeira célula de resistência. Mensageiros estavam constantemente deixando ou pegando mensagens codificadas. Sabotadores escondiam-se no monastério, usando-o como local seguro.

Edvard Pedersen, orgulhoso, levou os filhos pela nova rota de fuga de emergência, saindo pela porta dos fundos, subindo pela escada até o sótão – onde um rifle totalmente carregado estava pronto para uso – e seguindo em frente até o rolo de corda nos fundos da capela, que podia ser usado para descer até a rua de trás.

Knud logo percebeu que sua família também havia mudado.

KNUD PEDERSEN: Minha mãe tinha se tornado a chefe da casa. Era ela quem abria a porta quando batiam e não se sabia quem estava do outro lado. Meu pai tinha permitido que o monastério se transformasse num esconderijo para resistentes, mas toda semana ele nos colocava em risco. Condenava os malditos alemães em seus sermões de domingo, quase os provocando. No domingo que se seguiu a um atentado malsucedido contra a vida de Hitler, meu pai observou do púlpito: "Bom, o diabo sabe se cuidar, não é?". Seus paroquianos alertaram-no para parar com aquilo. Disseram que uma igreja cheia num domingo era um lugar perfeito para um "assassinato por retaliação", a execução em massa realizada habitualmente pelos alemães por vingança quando um único informante nazista era morto pela resistência.

Meu pai ignorou-os. Brandia o grande revólver Colt que lhe foi dado pela resistência para se proteger. Exibia-o aos amigos que vinham ao monastério. Certa vez, quando estava fazendo hora com ele, a arma disparou, mandando uma bala direto em nossas estantes. Ela se alojou no volume três da *História do povo dinamarquês*, em cinco volumes. Aquela bala passou a poucos centímetros da cabeça da minha mãe.

Ações fervilhavam por toda a Dinamarca. Em 6 de junho, apenas duas semanas após Knud e Jens terem sido soltos de Nyborg, combatentes da resistência bombardearam a fábrica Globus, nos arredores de Copenhague, interrompendo a produção de foguetes V-2 que andavam atacando Londres implacavelmente.

Dias depois, sabotadores do grupo de resistência dinamarquês Borgerlige Partisaner (BOPA) explodiram a fábrica Riffel Syndicate, que produzia metralhadoras para os alemães.

Jens tinha como único foco a faculdade, mas Knud queria mergulha de volta no centro da resistência. Seus pais ficaram preocupados. Para eles, Knud precisava de descanso, não de ação. A família conseguiu recolher dinheiro suficiente para alugar uma casa de verão em uma pequena aldeia à beira-mar. Longos dias e noites de verão com a família, passeios à luz do sol, era disso que os meninos precisavam para se restabelecer, pensavam.

KNUD PEDERSEN: De início, eu me senti totalmente perdido. Não sabia o que fazer. Estava solitário como sempre no campo romântico, talvez mais ainda porque, logo depois de voltar, reencontrei Grethe e instantaneamente percebi que não estava mais apaixonado. Ela pedalava pela rua em sua bicicleta e parou para me cumprimentar. Eu tinha passado mais de dois anos totalmente obcecado por aquela pessoa, e então, curiosamente, todos os sentimentos sumiram. E agora?

Era com isso que eu estava intrigado quando, na cidade litorânea de Hurup, conheci uma garota que passava férias sozinha com o pai. O velho estava sentado em uma poltrona na varanda, com um copo de uísque, cantando. Ao lado dele estava a filha, Patricia Bibby, de 17 anos, cabelo escuro e linda.

Começamos a conversar. Acontece que ela morava em Aalborg e frequentava a Escola Catedral. Eles eram britânicos e tinham ficado presos na Dinamarca por causa da invasão alemã. Depois de um ou dois dias, voltei e convidei-a para ir à praia. Passamos o dia todo andando pelas dunas, tomando sol e conversando. Deitamo-nos lado a lado, e às vezes havia menos de dois centímetros entre a ponta dos nossos dedos. Eu não conseguia juntar coragem para vencer essa distância, por medo de estragar tudo.

Mas conversamos, ou seja, eu falei e ela escutou. Era a melhor das ouvintes. Eu podia contar-lhe qualquer coisa, sobre a prisão, minhas ações contra os alemães, meus sonhos. Ela ria com vontade e me incentivava a não guardar nada. Fez com que eu me sentisse um soldado, ainda que eu tivesse passado grande parte da guerra atrás das grades, jovem demais para me alistar e, de qualquer modo, sem um exército no qual me alistar. Eu teria lhe contado qualquer coisa.

Patricia Bibby queria conhecer Knud Pedersen. "Todo mundo na escola sabia quem ele era. Eu admirava a posição que ele tinha assumido, e ele era muito bonito. Fiz questão de conhecer sua irmã, Gertrud. Convidei-a para vir à minha casa e descobri que os Pedersen estavam indo para Hurup, passar o verão. Convenci meu pai a ir para lá, em vez de irmos para onde estávamos planejando. É verdade que Knud e eu nos conhecemos por acaso, mas eu estava lá de propósito. Adorava escutá-lo e estar com ele. Achava-o empolgante, animado e divertido. Se eu sentia alguma coisa por ele? Ah, claro, sentia. Ele era alto, magro e interessante, e tinha uma ideia a cada dois minutos. Quando estávamos deitados na praia, ele disse: 'Não sei por que não podemos ter malas com quatro rodinhas'. Depois foi: 'Por que não podemos ter uma pasta de dente que pule de um frasco?'."

Segundo Patricia, Knud também falava por horas sobre suas experiências na resistência, sua obsessão por uma menina enquanto estava na prisão, sobre pegar as armas dos soldados alemães e sair à noite para fazer sabotagem. "Eu não era madura o suficiente aos 17 anos para perceber que ele estava numa fase difícil, que a prisão o havia deixado profundamente abalado. Ele contava sobre o presídio em meio a histórias divertidas, como a do guarda que lhe disse para lustrar sua latrina até ela brilhar 'como o melhor vaso da sua mãe'. Eu ri, mas não consegui sentir sua dor. Ainda não."

KNUD PEDERSEN: Depois das férias de verão, Pat tornou-se uma convidada diária à tarde no monastério, em visita a Gertrud. Fiz o possível para conquistar seu coração. Frequentávamos bastante o meu quarto. Mostrei-lhe minhas pinturas e pintei umas obras românticas especialmente para ela.

Uma noite de inverno, entre 1944 e 1945, o pai de Patricia morreu, deixando-a só no mundo. Minha mãe imediatamente convidou-a para se mudar para o monastério, o que ela aceitou.

■ Patricia Bibby na formatura da Escola Catedral, em 1946.

O fato de morar conosco alterou toda a química. Agora, ela tinha se tornado uma espécie de meia-irmã para mim, mas eu ainda estava apaixonado por ela. Jens veio para casa da universidade, em Copenhague, e logicamente apaixonou-se na mesma hora por Pat. Aquilo eram favas contadas: tudo o que eu queria, Jens tentava conseguir. Certa noite, Pat veio me mostrar um presente que recebera de Jens: um anel cravado com uma pedra verde. Fiquei mudo. Minha única esperança era ela não estar apaixonada por ele, mas não ia perguntar. Isso quebraria nosso código: nossa relação era tal que, se ela tivesse alguma coisa para me contar, ela o faria.

Numa noite de inverno, cerca de 10 horas, a família escutou uma batida na porta da frente do monastério. A Sra. Pedersen, nervosa, abriu uma fresta e se deparou com um rapaz de esquis, coberto de neve. Ele ofegava muito, soltando nuvens de vapor no ar gelado. Apresentou-se como Karl August Algreen Moeller, um estudante politécnico da Universidade de Copenhague. Tinha acabado de vir da aldeia de Randers, percorrendo 56 quilômetros em esquis, perseguido pela Gestapo. Haviam lhe dado o endereço do monastério como um lugar seguro. "Por favor", pediu. "Será que poderiam me abrigar?"

Foi acolhido calorosamente e instalado numa cama extra no quarto de Knud.

A SOE

A Executiva de Operações Especiais (no original, Special Operations Executive, ou SOE), grupo secreto britânico, operava com todos os movimentos europeus de resistência. Os ativistas da resistência dinamarquesa recebiam treinamento britânico para realizar atos de sabotagem. A SOE era extremamente disciplinada, com uma estrutura muito firme de comando. Os britânicos insistiam no controle. Os aviões da Força Aérea Real Britânica despejaram milhares de contêineres com armas em solo dinamarquês, em 1944 e 1945. Os dinamarqueses pegos recolhendo armas eram fuzilados no local, ou mandados para campos de concentração alemães. Quando os membros do Clube Churchill foram presos, em 1942, muitos policiais dinamarqueses eram colaboradores leais dos alemães, mas quando os Pedersen foram soltos, em 1944, muitos desses policiais recusavam-se a executar as ordens nazistas e ajudavam a resistência. Esse era mais um sinal do quanto as coisas haviam mudado enquanto os meninos estavam presos. ▪

▪ Um contêiner com armas jogado na Dinamarca pela SOE britânica, em apoio à resistência, em 1945.

KNUD PEDERSEN: Karl era o sabotador da resistência que eu sonhava ser. Seu trabalho tinha início todas as noites no escritório do meu pai, quando o noticiário da BBC para a Dinamarca vinha pelo rádio. Karl telegrafava mensagens de rádio para o grupo britânico Executiva de Operações Especiais (SOE) diariamente, a partir de endereços variados em Aalborg – embora, curiosamente, nunca do monastério. Os comandos britânicos enviavam mensagens codificadas pela transmissão radiofônica, como "Sua avó quer uma xícara de chá" ou "Não tem mais ar na roda dianteira da sua bicicleta".

Karl August Algreen Moeller.

Cada mensagem assinalava o movimento das forças de resistência. "Sua avó quer uma xícara de chá" poderia significar: "Esteja em um campo de determinado fazendeiro às 9 da noite, quando aviões da RAF jogarão contêineres com armas".

Esses comunicados e as entregas das armas possibilitadas por eles eram a força vital da resistência dinamarquesa aos nazistas. Karl precisava enviar suas mensagens em grande velocidade, porque a Gestapo circulava com antenas de rastreamento nos ombros, tentando localizar de onde essas mensagens estavam sendo transmitidas. Karl era bem conhecido e intensamente perseguido pela Gestapo.

Nós dois tornamo-nos amigos, mas não podíamos ser confidentes. Ele nunca dizia aonde estava indo ao deixar a casa todas as tardes, e eu nunca perguntava. Sabia que a cada dia, antes de sair, era visitado por um superior, um sujeito de capa, que lhe entregava o *script* para a mensagem de rádio codificada para Londres daquele dia.

À noite, Karl e eu ficávamos deitados na cama, conversando. Eu ansiava por fazer parte da resistência organizada e lhe contava todas as minhas ideias de sabotagem. Uma noite, discutimos as possibilidades de jogar uma bomba de uma ponte ferroviária. Contei a ele que os alemães sempre tinham prisioneiros dinamarqueses no primeiro vagão do trem, portanto, teríamos que esperar até que o terceiro passasse sob nós. Ele apenas sorriu.

Todas as conversas eram interrompidas quando escutávamos um carro aproximando-se das janelas. O monastério ficava numa esquina, então todos os carros tinham que diminuir a velocidade para fazer a curva. Os faróis surgiam contornando a esquina, e o motorista mudava a marcha. Está reduzindo a velocidade? Parou? Deitado ali, à escuta daqueles carros com Karl, pela primeira vez senti-me aterrorizado. As ações do antigo Clube Churchill não tinham me apavorado, mas talvez a prisão tivesse me modificado. Todas as vezes em que eu escutava um carro particular com o motor em marcha lenta, com gasolina de alta qualidade, dizia comigo mesmo: "Isto só pode ser uma de duas coisas: a Gestapo ou um médico". Nossos ouvidos estavam afinados para o menor ruído. Se o motor parasse totalmente, teríamos que fugir. Assim, sempre que os faróis passavam, levantávamos a cabeça só um pouquinho tentando dar uma olhada. Era muito assustador.

LANÇAMENTO DE ARMAS

No início de 1943, foi montado um gabinete de ligação em Estocolmo, Suécia, para promover o elo entre a resistência dinamarquesa e a SOE. A ideia era coordenar o lançamento de armas na Dinamarca. Os primeiros receptadores eram camponeses de Jutland, no extremo Norte da Dinamarca. Foram feitos planos por difusão radiofônica codificada. Nas noites estipuladas, os camponeses aguardavam em charnecas escuras e isoladas, até escutar o zumbido de uma aeronave. Faziam sinais para os aviões que voavam baixo com lanternas elétricas e corriam para pegar os objetos que flutuavam até eles em paraquedas de seis metros. Então, levavam embora os cilindros cheios de armas, com sorte antes de os soldados alemães – que também poderiam escutar os aviões – terem tempo para reagir. ■

Uma noite, Karl não voltou para o quarto. Nunca mais voltou. Alguns meses mais tarde, logo depois do Dia da Libertação, soube que ele havia sido perseguido em uma escada que levava a um sótão e cercado por agentes da Gestapo. Atirou e matou dois deles, depois apontou a arma para a própria cabeça.

Depois da libertação, seu corpo foi encontrado em uma cova no aeroporto militar. Havia um recado para seus pais. Fui chamado para identificá-lo, e foi uma visão pavorosa. Seus braços e pernas haviam sido amarrados com fios. Nós o levamos até a capela. Alguns dias depois, eu estava no carro acompanhando-o até sua pequena aldeia natal. Havia flores ao longo de toda a rua até a casa da sua família, e todas as bandeiras dinamarquesas estavam a meio mastro.

CARTA DE DESPEDIDA DE KARL AUGUST ALGREEN MOELLER

Queridos mãe e pai,
Morrerei agora e estou com bastante medo, mas acredito que Deus me dará forças para morrer como cristão e dinamarquês na batalha pela Dinamarca.
Rezo para que Ele os abençoe. Acredito que fiz o meu melhor e prefiro morrer a ser capturado. Agora, eles estão aqui fora, e vou enfrentá-los.
Entrego minha alma a Deus.
Karl ■

Mais tarde eu soube que, quando Karl descobriu que toda a família Pedersen trabalhava clandestinamente, pediu a seu comandante para sair do monastério. Fez isso para nos poupar.

Os meninos do Clube Churchill não se reuniram mais depois de serem soltos. Cada um se adaptou a seu modo. Em 1943, Helge Milo e Eigil Astrup-Frederiksen matricularam-se no 11º ano da Escola Catedral, e tentaram prosseguir nos estudos. O corpo docente mostrou-se dividido quanto a deixá-los voltar para a escola. Um colega se lembra de que, no primeiro dia de Helge na aula de inglês, o professor, um conhecido simpatizante nazista, dirigiu-se ao novo aluno com uma autoridade arrogante na voz.

"Acho que temos um rosto novo entre nós... Quem é você?"

"Eu me chamo Helge Milo."

"E de onde você vem?"

"Nyborg... Do Presídio Estadual de Nyborg."

O professor pôs-se a vociferar, como se não houvesse mais ninguém na sala. Entre as coisas que os alunos escutaram-no comentar com raiva estava "juventude desorientada".

Mogens Fjellerup – o Professor – também voltou para a Escola Catedral. Antes de ser admitido, pediram-lhe que prometesse não fazer nada que prejudicasse a escola. "Talvez tenha cometido um erro", escreveu mais tarde, mas prometeu. Não havia mais motivo para um Clube Churchill, agora que a resistência era profissional e eficiente. "Já não havia qualquer chance para grupos aventureiros [de adolescentes]", Mogens escreveu. Mas ele sentia falta da excitação. "Assim passava o tempo", disse, "e era tão lento quanto na prisão."

Eigil teve um começo suave em Aalborg. Estava imensamente aliviado por sua família ter escapado dos nazistas durante sua primeira tentativa de caçar os judeus da Dinamarca. Melhor ainda, sua namorada, Birthe, esperara por ele. No início, a Escola Catedral proporcionou uma rotina bem-vinda, embora tediosa.

E então, um dia, um amigo perguntou-lhe se estaria interessado nas atividades de resistência. Eigil viu-se aceitando. Foi recebido em uma unidade, treinado no manejo de armas e designado para a entrega de mensagens confidenciais de um lugar a outro.

Depois de várias entregas bem-sucedidas, pediram-lhe que levasse documentos à Suécia, viajando em um barco com um velho e outro menino com idade próxima à sua. Na véspera da partida, os documentos foram entregues na casa do seu avô. Cedo na manhã seguinte, botas trovejantes da Gestapo subiram a escada. Primeiro esmurraram a porta aos gritos, ordenando que abrissem. Eigil enfiou os documentos no sapato e passou pela janela do terceiro andar, alcançando o telhado com os agentes da Gestapo em seu encalço. Rapidamente encurralado, Eigil rezou uma prece e tentou pular para o topo de um galpão de jardim. Errou, estraçalhando a perna no chão, e logo se viu preso novamente, dessa vez em um hospital administrado por alemães.

Após as férias de verão de 1944, Knud também se rematriculou na Escola Catedral, mas seu coração não estava nos estudos. Tendo sido preso pelo período mais longo, estava um ano atrás dos outros membros do Clube Churchill.

"Ele nunca se deu ao trabalho de levar qualquer livro para a escola", Patricia Bibby lembrou-se mais tarde. "Era um artista, um pintor. Ali estava um rapaz que havia traduzido *Paraíso perdido*, de Milton, para o dinamarquês enquanto estava na prisão. Estava velho demais para voltar para o ensino médio."

O círculo social de Knud tinha desmoronado. Jens estudava em Copenhague; Alf e Kaj Houlberg e Knud Hornbo continuavam presos, embora, pelo menos, os dois irmãos tivessem sido devolvidos para celas dinamarquesas, após seis meses na Alemanha. Hans Jøergen era um preso dos nazistas, com certeza sofrendo – se é que ainda estava vivo.

Knud morria de vontade de se aliar à resistência organizada junto à SOE, mas não sabia como. Era bem conhecido por toda Aalborg como líder do Clube Churchill, mas os profissionais da resistência viam-no como um risco à segurança.

Aqueles eram dias diferentes. O novo movimento de resistência era constituído com disciplina. Knud Pedersen aceitaria cumprir ordens? Conseguiria controlar sua impulsividade? Conseguiria operar sob uma estrutura de comando?

Knud tentou uma porta atrás da outra. Todas estavam fechadas. Seu ânimo abateu-se; sua confiança naufragou.

"Sua mãe chamou-me algumas vezes", Patricia lembra-se. "Ele havia se trancado no quarto e não queria sair. 'Você pode ver se consegue ajudar?', ela pedia. Eu ficava do lado de fora da porta, conversando, tentando fazê-lo abri-la. Ele havia rasgado suas pinturas e seus escritos. Dizia que não eram bons, que não tinham valor, que se sentia um inútil. Estava numa depressão terrível. E nós conversávamos."

Certa tarde, Knud saiu para dar uma volta e foi parar em meio a uma multidão que se formara em frente à sede da Gestapo, no centro da cidade. Ao olhar da margem, seus olhos foram atraídos para a tampa de esgoto na rua em frente às instalações. Teve uma ideia.

KNUD PEDERSEN: Lembrei-me de que, no filme *Oliver Twist*, os esgotos de Londres eram túneis largos por onde passavam pessoas. Pensei que, com certeza, os túneis de Aalborg passavam debaixo da sede da Gestapo. Continuava pensando nisso um pouco mais tarde, quando passei por uma loja de brinquedos e parei para olhar para a cena da vitrine, uma ferrovia elétrica. Tive uma ideia: um trem de brinquedo com um vagão-reboque de combustível, e três ou quatro vagões carregados de dinamite PE2, sobre trilhos que levassem para debaixo do prédio da Gestapo. Eu apostava que poderia funcionar.

Isso mostra o quanto eu estava desesperado para fazer parte da resistência organizada. É claro que meu lado racional sabia que essa era uma ideia de jerico, um feito desesperado, mas, desde que tinha voltado da prisão para casa, tentara sem sucesso me apresentar ao movimento de resistência organizada, construído pela SOE. A resposta era sempre a mesma: eu era tido como um "risco à segurança".

Da loja de brinquedos, dirigi-me para a sede da prefeitura de Aalborg. Encontrei a divisão técnica da municipalidade e perguntei ao atendente se eles teriam uma planta do sistema de esgoto da Rua Østerå.

"Pra que finalidade?", ele perguntou.

"Bom, só quero estudar o tamanho dos canos."

"Ah, você acha que é como Paris, onde é possível caminhar por lá, certo?"

A essa altura, todos os jovens engenheiros do escritório estavam se aproximando e rindo, mas, por uma porta aberta, pude entrever o engenheiro-chefe em sua sala privada, atrás do balcão do atendente. Ele não estava achando a mínima graça.

Acontece que ele era chefe da Kings Company (K Company) da SOE em Aalborg. Sabia tudo a meu respeito. Depois que saí, virou-se para um dos seus colegas, também membro da K Company, e disse: "Seria melhor ter o Sr. Pedersen do lado de dentro do que fora".

No dia seguinte, um homem veio me oferecer um comando na resistência. Tornei-me o líder da K Company, Divisão B, Grupo nº 4. Nossa tarefa era levar munição, armas e explosivos de um esconderijo a outro, para evitar a detecção alemã. Finalmente, recebi um treinamento em armas, o que incluía desmontar e montar metralhadoras. Também aprendi a usar granadas americanas, que pareciam abacaxis. Agora, podia operar as coisas que havíamos roubado com o Clube Churchill.

GERTRUD PEDERSEN, PATRICIA BIBBY E INGER VAD HANSEN: ARRECADADORAS DE FUNDOS PARA A RESISTÊNCIA

Patricia Bibby tornou-se uma eficiente arrecadadora de fundos para a resistência, juntamente com a irmã de Knud, Gertrud, e a amiga delas, Inger Vad Hansen. As três meninas agarraram a proposta de Knud para arrecadar fundos que sustentassem os jornais clandestinos que se contrapunham à propaganda alemã. Juntas, elas visitavam cidadãos abastados de Aalborg, em geral empresários, e envolviam-nos em conversas que terminavam com um pedido por financiamento. O risco era que elas nunca tinham certeza das opiniões pessoais daqueles com quem conversavam. Quando elas ou seus superiores na resistência percebiam o perigo, recebiam ordens para se esconderem.

"Ficávamos com amigos", Patricia recorda. "Nessas épocas, eu me encontrava com meu pai no terreno da igreja uma vez por semana, para que ele soubesse que eu continuava viva. Passávamos sem nos olhar e nunca falávamos."

Os doadores abastados frequentemente se perguntavam como poderiam ter certeza de que seu dinheiro realmente iria para a resistência oficial. As meninas ofereciam-lhes um codinome, prometendo que ele apareceria em uma certa página no jornal clandestino *Frit Danmark*. Tratava-se de um comprovante secreto. Inger guardava a lista na cabeça, jamais escrevendo-a, e decorava-a em código.

As três meninas arrecadaram muitos milhares de coroas dinamarquesas para o movimento clandestino. ■

Nossa primeira incumbência foi passar um esconderijo de armas de uma igreja, na outra extremidade de Aalborg, para a capela do monastério. Era uma tarefa perigosa, porque os alemães tinham tomado posse de uma escola bem em frente à igreja que abrigava as armas. O tempo todo, soldados jovens ficavam à janela, fumando, rindo e espiando tudo o que acontecia, inclusive nossas repetidas viagens de bicicleta saindo da igreja, quando carregávamos objetos volumosos embrulhados em papel preto.

Certa tarde, apenas poucos dias depois da criação da minha unidade, recebi um recado de que um membro do nosso grupo provavelmente havia sido capturado pela Gestapo. Eles tentariam extrair-lhe informações sob tortura. Teríamos que mover as armas imediatamente. Começamos a levantar as tábuas do assoalho e retirar as armas. Estávamos embrulhando-as em papel preto para transportá-las quando houve uma forte batida na porta! Armas e granadas estavam espalhadas por toda a igreja. As batidas continuavam. Um dos nossos desembrulhou uma metralhadora e tomou posição com as costas junto ao altar. Outro agarrou uma arma e engatinhou para detrás do púlpito.

Com o coração aos pulos, abri a porta. Lá estava um membro do coro da igreja. "É hora do ensaio", ele disse. Deu uma olhada para dentro da igreja e num *flash* percebeu o que estava acontecendo. Ofereceu-se para nos ajudar, e dissemos a ele que a melhor ajuda seria espalhar que o ensaio havia sido cancelado. No final da tarde, tínhamos mudado tudo para a capela do monastério, inclusive 35 rifles.

Na noite de 4 de maio de 1945, eu estava na rua quando escutei um rádio aos berros por uma janela aberta. O locutor dizia que a Alemanha tinha se rendido e que seríamos libertados na manhã seguinte. Vi pessoas piscando as luzes de casa, festejando pelas janelas, dançando e se aglomerando do lado de fora, chegando à rua. Logo nosso pelotão recebeu ordens para se reunir no monastério. Todos os 35 membros da unidade compareceram. Mandaram-nos, por enquanto, aguentar firmes no monastério. Na manhã seguinte, cedo, tomaríamos posse do aeroporto de Aalborg, o grande trunfo alemão.

Naquela noite, levamos todas as armas que estavam na capela para a sala de estar. O forte cheiro de óleo das bazucas e dos rifles flutuou pelas saletas e salas. Ao terminarmos, minha mãe serviu café e meu pai distribuiu hinários. Vivenciei o fim da guerra na capela do monastério, a apenas alguns metros do quarto onde nasceu o Clube Churchill, cantando hinos com os homens do meu grupo da K Company. Eu tinha 18 anos.

LIBERTAÇÃO!

Às 8h30 da noite de 4 de maio de 1945, o locutor dinamarquês Johannes G. Sørensen interrompeu seu noticiário radiofônico noturno pela BBC para ler um telegrama que tinha acabado de receber. Continha apenas duas frases:

"O marechal de campo Montgomery comunica que todas as forças alemãs no noroeste da Alemanha, na Holanda e na Dinamarca renderam-se. A rendição torna-se efetiva amanhã, às 8 horas da manhã".

Terminavam cinco anos de ocupação alemã. Os dinamarqueses tomaram as ruas do país, rindo e chorando, dançando e cantando. As cortinas de blecaute foram arrancadas das janelas, queimadas na rua e substituídas por velas de alegria. ∎

∎ Dinamarqueses rasgando e queimando a bandeira dos ocupantes.

Dia da Libertação, 5 de maio de 1945.

18

Nossa noite com o Sr. Churchill

APÓS A LIBERTAÇÃO, FOI PRECISO fazer a transição da Dinamarca de uma nação ocupada para um país livre. Alguns soldados alemães recusaram-se a se render. Nazistas dinamarqueses, desprezados por seus conterrâneos e sem ter para onde ir, não tiveram escolha a não ser lutar até o amargo fim. Nas semanas que se seguiram à libertação, milhares de soldados alemães simplesmente ficaram vagando pela Dinamarca, às vezes ainda administrando coisas, relutantes em voltar para a Alemanha, que continuava em guerra em várias partes do globo, e cujas cidades, atingidas por bombardeiros Aliados, tinham sido reduzidas a ruínas fumegantes.

No final, a maioria dos alemães deixou a Dinamarca, abandonando suas armas na fronteira. Nas semanas que se seguiram à libertação, 15 mil colaboracionistas foram acusados, presos e julgados em cortes dinamarquesas. Desses, 13.521 foram considerados culpados, e 46, executados.

A resistência organizada ajudou a fazer a passagem do comando para o governo dinamarquês. Como líder de um grupo da companhia, Knud Pedersen recebeu ordens para levar seus homens até um prédio no aeroporto civil de Aalborg, para supervisionar a transição da administração alemã para a dinamarquesa. Ele esperava que a mudança já estivesse em pleno progresso, mas, quando chegou com seus homens, ficou chocado ao descobrir que o aeroporto ainda era administrado por alemães.

Cidadãos dinamarqueses ainda mostravam seus documentos de identidade para autoridades alemãs, exatamente como haviam feito ao longo da ocupação. Knud e seus homens partiram rapidamente para a retomada.

KNUD PEDERSEN: Dei ordem para confiscarem todos os documentos de identidade e darem aos alemães ali empregados duas horas para juntar seus pertences e partir. O comandante alemão saiu fervendo de raiva, e eu lhe disse para ir embora imediatamente. Em minutos um amontoado de veículos motorizados fechava-se sobre nós, vindo de todos os cantos do aeroporto: jipes ingleses com soldados britânicos e carros da resistência dinamarquesa transbordando de agentes.

Meu chefe cancelou minhas ordens na base do aeroporto e mandou devolver todos os documentos de identidade. Mandaram-me entrar em um carro e fui levado para nossa sede, onde me passaram um sermão.

Tropas alemãs deixando a Dinamarca.

■ Um possível colaboracionista nazista, detido pela polícia dinamarquesa.

Eu tinha abusado da minha autoridade, meu chefe disse. Tinha me desviado do comando. "De agora em diante, você obedecerá ordens", ele disse.

Recusei-me.

Como poderia obedecer? A cena no aeroporto era uma prova em primeira mão de que elementos da resistência haviam sido corrompidos. Chegavam agora relatos de que autoridades dinamarquesas já tinham libertado simpatizantes dos alemães de algumas prisões. Era para isso que tínhamos lutado?

Descobri outros líderes de grupo tão frustrados quanto eu. Juntos, escrevemos uma lista de cinco exigências para o governo em transição:

1. Todos os alemães deveriam ser postos atrás das grades.
2. Os dinamarqueses deveriam parar de negociar com alemães.
3. Os colaboracionistas deveriam ser presos imediatamente.
4. Os alimentos para soldados alemães deveriam ser racionados.
5. A resistência deveria ser limpa de corrupção.

Levei os cinco pontos para um impressor, que imediatamente saiu da sala e chamou a polícia. O chefe da minha companhia me achou, destituiu-me do comando e confiscou minhas armas e munições. Agora eu estava novamente na rua, sem um grupo para comandar e sem futuro na resistência. Voltei deprimido para o monastério e refleti sobre as minhas opções. Nenhuma parecia boa.

Algumas tardes depois, eu continuava imerso em desânimo quando, para minha total surpresa, um carro da K Company chegou guinchando no monastério. Os mesmos homens que haviam me demitido dias antes agora me cumprimentavam calorosamente, devolviam minha metralhadora, munição e insígnias de categoria. O que poderia ter acontecido?

.O que houve foi que o major-general Richard Dewing, comandante britânico de todas as forças militares na Dinamarca, tinha vindo em meu socorro. Não que pretendesse isso. Agora que a libertação tinha chegado, ele queria conhecer o lendário Clube Churchill, os primeiros resistentes da Dinamarca. Logo estaria em visita a Aalborg. Mandou que sua equipe reunisse tantos membros do clube quanto conseguisse encontrar e marcasse um encontro com eles no Hotel Phoenix em determinada hora.

Todos nós ficamos perplexos com o encontro. Uffe Darket contou-nos que um avião da Força Aérea Real Britânica tinha aparecido em seu posto, na Alemanha, com um piloto incumbido de levá-lo para Aalborg, Dinamarca. Não havia explicação, apenas um "Vamos embora". Helge, Uffe, o Professor, Alf, todos nós tínhamos uma história parecida.

No dia do encontro, sentamo-nos a uma longa mesa no restaurante do hotel, com o general Dewing à cabeceira. Ele nos cumprimentou individualmente, por nome. Disse que queria conhecer toda a nossa história, de Odense a Aalborg, ao Presídio Estadual de Nyborg e depois. Então, detalhamos nossas vidas, primeiro como estudantes irritados,

■ O encontro do general Dewing com o Clube Churchill (o general está à cabeceira da mesa, Knud é o primeiro à sua direita).

depois como sabotadores cada vez mais ousados, e em seguida como prisioneiros. Contamos a ele sobre o ataque tarde da noite na sede da Companhia de Construção Fuchs, no aeroporto, e lembramos o prazer que tivemos ao usar a foto emoldurada de Hitler como trampolim. Contamos histórias sobre armas roubadas, carros danificados e vagões de trem queimados. Ele riu alto quando chegamos à barra falsa na janela da cela da cadeia King Hans Gades. Fazia pergunta atrás de pergunta. Por fim empurrou a cadeira para trás e levantou-se. "Esta é uma boa história", disse, cumprimentando-nos. "Contarei para o Sr. Churchill."

Winston Churchill, de fato, ouviu a história, mas provavelmente não vinda do general Dewing. Cinco anos depois, no outono de 1950, a Dinamarca já não se preocupava com a guerra. Nos primeiros dois ou três anos após a libertação, o clima estava denso de acusações e exigências de justiça para os colaboracionistas traidores, mas agora a população queria seguir em frente, sentindo que, finalmente, o período horroroso era passado e o sol voltava a brilhar. O Clube Churchill tinha se dispersado, e nunca havia feito um reencontro. A maioria dos seus membros estava deslanchando em suas carreiras e formando famílias.

KNUD PEDERSEN: Eu havia me mudado para Copenhague. Naquela época, cursava algumas aulas na escola de Direito, mas meu verdadeiro amor, como sempre, era a arte. Passava todo o tempo que podia pintando e conversando até tarde da noite, debatendo e aprendendo sobre as novas tendências na arte moderna. Como todos os jovens estudantes em Copenhague na época, e especialmente os de arte, eu mal tinha dinheiro para uma xícara de café. Para sobreviver, levantava-me de manhã, às 5 horas, para entregar jornais, além de trabalhar numa cervejaria, organizando garrafas vazias. Era quase tão difícil quanto o trabalho que eu tinha feito no Presídio Estadual de Nyborg.

Uma noite, saí de uma aula e atravessava apressado uma praça da cidade para me encontrar com alguns amigos quando vi uma manchete eletrônica circulando ao redor do alto do prédio de um jornal. Dizia: "Clube Churchill se encontrará com Winston Churchill".

Parei. Pedestres passavam por mim como se eu fosse uma pedra em uma correnteza. Fui aos tropeções até uma cabine telefônica no centro da praça, mas não consegui juntar as moedas certas para ligar para casa. Exatamente então, meu olhar deu com uma larga faixa branca estendida ao longo da fachada de um hotel, ao lado do prédio do jornal: "SEDE DO ENCONTRO DO CLUBE CHURCHILL". Dei meu nome para a senhora na central de reservas e pedi um telefone. Ela me disse que eles haviam passado o dia todo tentando me encontrar.

Velhos companheiros do clube foram pingando durante a noite e na manhã seguinte. Infelizmente, Jens estava trabalhando como engenheiro na Índia e não pôde comparecer. Alguns eram estudantes universitários e ainda se viam, mas eu tinha perdido contato com quase todos. Agora, vários eram pais. Torci para que isso estivesse reservado em meu futuro.

*

O principal compromisso de Sir Winston Churchill em Copenhague era receber um prêmio pela excelente contribuição à cultura europeia. A cerimônia para entrega do prêmio seria na noite seguinte, no KB Hall de Copenhague, com capacidade para 3 mil pessoas. Os membros do Clube Churchill ainda estavam atônitos sobre como exatamente tudo aquilo tinha acontecido, mas seguiram em frente com o interesse e a oportunidade de conhecer Churchill. O patrocinador do evento era um jornal cujos repórteres e fotógrafos tinham ideias infindáveis para a divulgação da cerimônia, inclusive dando a todos eles grandes charutos Winston Churchill, que deveriam ser fumados enquanto os obturadores das câmeras disparavam.

No dia seguinte, enquanto Winston Churchill e sua família almoçavam com o rei dinamarquês no castelo, o Clube Churchill deliciava-se com um almoço em sua homenagem, no hotel. O mestre de cerimônias foi Ebbe Munck, um herói da resistência que tinha sido o contato entre a organização britânica secreta de sabotagem, SOE, e a inteligência militar dinamarquesa. Quando ele falou, os membros do Clube Churchill, finalmente, descobriram como tinham vindo a ser homenageados.

KNUD PEDERSEN: Ebbe Munck contou que tinha se sentado ao lado de Churchill no voo que atravessou o Mar do Norte de Londres a Copenhague, poucos dias antes. Isso lhe deu a chance de contar a Churchill como e por que o clube havia se constituído, o trabalho que fizemos e o motivo de termos usado seu nome. Munck disse que Churchill ficou comovido e sentiu profundamente que nossa contribuição deveria ser reconhecida. O momento era aquele; quem poderia dizer quando ele voltaria à Dinamarca? "Reúna tantos deles quantos for possível", Sr. Churchill disse a Ebbe Munck. E foi assim que rapidamente nos reuniram ali, naquele hotel em Copenhague. Embora Churchill não pudesse focar no clube em seu discurso de agradecimento, quis nos cumprimentar em um desfile de honra, pouco antes da sua fala, saudando-nos de uma maneira muito semelhante à de um general que passa em revista as tropas.

Winston Churchill passando em revista o Clube Churchill.

Chegado o grande momento, confesso que eu estava ausente. Perdi o desfile. Separei-me do grupo e, por engano, entrei no saguão pela porta errada, pela entrada VIP por onde Churchill, sua esposa e os oficiais entraram. Eu estava a apenas dois metros de Churchill quando entramos. Nossos olhares cruzaram-se por um instante. Senti-me como se estivesse olhando nos olhos maliciosos de um confidente, olhos que quase numa piscada diziam: "Não acredite em tudo que escutar a meu respeito".

Um atendente a seu lado inclinou-se ligeiramente para mim e disse: "Sua credencial, senhor". Tirei meu convite do bolso e mostrei-lhe.

Não o havia lido e não sabia o que estava escrito nele. Mas o que quer que fosse agiu feito mágica. Ele me devolveu o convite e me levou a um camarote VIP especial. À minha esquerda estava o príncipe Knud, representando a família real. À minha direita, o almirante Erhard J. C. Quistgaard, chefe das forças armadas dinamarquesas em terra, mar e ar.

Quando as luzes diminuíram para o discurso de agradecimento de Churchill, tirei a credencial do bolso e aproximei-a para ler o que poderia ter me levado àquele lugar privilegiado.

Era um simples cartão de visitas. Abaixo do meu nome, estava minha identificação. Era a mesma que havia me levado a duas prisões dinamarquesas e tinha inspirado guardas robóticos a tentar me reduzir a um número. Minha identificação tinha sido amaldiçoada e enaltecida em milhares de salas de visitas, cozinhas e ambientes de trabalho durante os momentos mais sombrios da Dinamarca. Era uma identificação que eu assumira quando menino, e que usaria com orgulho pelo resto da minha vida. O cartão dizia:

Knud Pedersen
Membro do Clube Churchill.

EPÍLOGO

Os tempos subsequentes

▪ Reunião do Clube Churchill em 1950, identificada por Knud: "Em pé, da esquerda para a direita: Helge Milo, Jens Pedersen, Eigil Astrup-Frederiksen, Knud Pedersen, Mogens Fjellerup. Sentados, da esquerda para a direita: Henning Jensen (da Liga da Liberdade da Dinamarca, cujos membros foram presos depois de nós, mas cumpriram pena na mesma ala do Clube Churchill). Ao lado dele está o único cujo nome esqueci. Ele também era membro da Liga da Liberdade. Continuando: Mogens Thomsen, Vagn Jensen (irmão de Henning e também membro da Liga da Liberdade) e Uffe Darket. A foto foi tirada no jardim do monastério, em 1950".

NOS ANOS APÓS A LIBERTAÇÃO da Dinamarca, as experiências de encarceramento, guerra e atividades de sabotagem deixaram vários membros do Clube Churchill e do Clube RAF traumatizados pelo resto da vida, sob vários aspectos. Eis o que aconteceu a alguns deles:

Os alunos da Escola Catedral e membros mais jovens do Clube Churchill

Knud Pedersen trabalhou por um breve período após a guerra como repórter jornalístico, frequentou a faculdade de Direito e trabalhou para uma empresa cinematográfica, antes de dedicar sua vida à arte. Em 1957, Knud fundou a primeira biblioteca mundial de empréstimo de obras de arte, na Igreja de São Nicolau, em Copenhague, tornando a arte acessível a todos, ricos ou pobres, através do empréstimo de obras de arte originais pelo período de três semanas. "A taxa de aluguel custava, no início, o preço de um maço de cigarros", Knud contou, com orgulho, em uma entrevista em 2012. A Biblioteca de Arte ainda existe como um patrimônio importante de Copenhague.

O próprio trabalho de arte de Knud está representado no Museu de Arte Moderna de Nova York e na Tate Modern, em Londres, em meio a várias outras coleções. Seu trabalho com o movimento artístico Fluxus está reunido no Museu Nacional da Dinamarca.

Knud e seu esposa, Bodil Riskaer, fundaram a Faculdade Europeia de Cinema na Dinamarca, que se tornou um sucesso internacional no mundo cinematográfico.

NOTA PESSOAL, POR PHILLIP HOOSE

Knud estava com 80 e tantos anos quando trabalhamos neste livro. No começo, ele estava com boa saúde, mas sempre havia uma sensação de que era melhor corrermos, porque não sabíamos quanto tempo tínhamos. Trocávamos mensagens por e-mail quase todos os dias, até nos finais de semana;

eu mandando esboços do meu escritório no Maine, Knud respondendo da sua Biblioteca de Arte, em Copenhague.

Pouco antes do Natal de 2013, passei uma semana sem notícias de Knud. Isso nunca tinha acontecido e era um mau presságio. Escrevi várias vezes sem obter resposta. Por fim, em 3 de janeiro de 2014, ele digitou uma mensagem de um leito de hospital. Uma pneumonia quase tinha lhe tirado a vida. Ele disse que tinha, literalmente, sentido a presença da morte em seu quarto. "Tive a sensação de que uma sombra caminhava suave à minha volta", escreveu, "procurando um bom lugar por onde entrar para um golpe final [...]. Disse para ela esperar, pois eu e você ainda não tínhamos terminado nosso trabalho. Acho que nosso trabalho manteve-me vivo. Agora, estou pronto para continuar lutando!"

Então, continuamos na luta, terminando o livro no final do outono de 2014. Knud ficou encantado. "A primeira coisa que eu fiz depois de lê-lo", ele disse, "foi mandá-lo para meus filhos e netos." E então, no início de dezembro de 2014, Knud voltou a ficar em silêncio por mais de uma semana. No dia 12 de dezembro, ele informou, da sua cama: "Estou perdendo peso dramaticamente e não tenho apetite, nem energia".

Depois de uma série de exames, os médicos, intrigados, preparam Knud para uma ressonância de corpo inteiro. A perspectiva de entrar em um tubo estreito aterrorizou-o. O encarceramento em Nyborg havia deixado-o claustrofóbico, temeroso de ser confinado. Ao longo de toda a vida, recusara-se a entrar num avião, ou mesmo num elevador. "Os médicos dizem que estou frágil", Knud observou em uma das últimas mensagens que recebi dele. "Mas quão frágil alguém pode estar quando, em 89 anos, viveu no século mais cruel que se possa imaginar? Manterei você informado." ∎

Knud Pedersen, líder do Clube Churchill, herói da resistência dinamarquesa e um dos jovens mais importantes de toda a Segunda Guerra

Mundial, faleceu pouco depois da meia-noite do dia 18 de dezembro de 2014. Foi tratado como herói nacional, enterrado no Assistens Cemetery de Copenhague, juntamente com outras personalidades dinamarquesas, como Hans Christian Andersen e Søren Kierkegaard. Deixou a esposa e três filhos, Klaus, Kristine e Rasmus.

Jens Pedersen foi um aluno brilhante, que largou suas atividades na resistência para estudar Engenharia após ser solto do Presídio Estadual de Nyborg. Depois de formado, foi contratado como engenheiro civil por uma firma britânica e mandado para a Índia para supervisionar a construção de diversas pontes. Mas foi infeliz na Índia e voltou para a Dinamarca, onde lecionou na faculdade que frequentou. Sua saúde começou a declinar e ele lutou contra a depressão. Em 1988, foi vitimado por câncer pulmonar. "Morreu em um hospital depois de uma vida muito infeliz", disse seu irmão Knud. "Sua morte foi consequência de uma grande inteligência combinada com uma baixa tolerância para prisões e/ou talvez guerras." Jens teve dois filhos, Gorm e Lars, e uma filha, Karen.

Eigil Astrup-Frederiksen (que mudou seu sobrenome para Foxberg depois da guerra) estava, no Dia da Libertação, em um hospital administrado por alemães, em Aalborg, recuperando-se de sua perna quebrada. Depois de dispensado, retornou aos estudos, mas teve problemas para se concentrar. Como alguns outros membros do Clube Churchill, teve o que chamava de "cicatrizes da guerra". Era afligido por pesadelos violentos, sonhos cheios de agentes da Gestapo. Tornou-se deprimido, ausente e inquieto. Sua memória de curto prazo sofreu. Depois de dois anos de tratamento com um terapeuta que tinha outros membros da resistência como pacientes, recuperou a saúde. Tornou-se engenheiro civil e conseguiu trabalhar regularmente, embora seus sintomas assomassem de tempos em tempos ao longo da vida. Eigil faleceu em 2012.

Børge Ollendorff foi preso com os outros membros do Clube Churchill em maio de 1942, mas era jovem demais para ser encarcerado. Foi enviado pelas autoridades para uma instituição juvenil em uma cidadezinha longe de Aalborg. Sua atenção logo foi atraída para uma ponte de grande fluxo de veículos, entre Jylland e Funen. Børge rapidamente planejou explodi-la. Mas as autoridades perceberam seu plano ao observarem suas visitas diárias à ponte. Ele ainda era jovem demais para a cadeia, então foi novamente transferido. Depois da guerra, tornou-se líder de um pequeno movimento religioso e teve doze filhos.

Mogens Fjellerup, o Professor, estudou Economia na universidade e trabalhou para o conselho de Arhus, segunda maior cidade da Dinamarca. Casou-se e foi pai de um casal de filhos. Sua filha, Eva Fjellerup, tornou-se esgrimista de renome mundial e participou dos Jogos Olímpicos de Verão em 1996. Mogens Fjellerup faleceu em 1991.

Helge Milo tornou-se engenheiro, primeiramente contratado na Noruega e depois no estaleiro Lindø, na Dinamarca. Em 1971, montou sua própria firma de engenharia, trabalhando principalmente com a indústria náutica. Tem um filho, com 58 anos na primeira publicação deste livro, e uma filha, com 23.

Uffe Darket, cuja paixão de menino era construir modelos de aviões, trabalhou como piloto e acabou se tornando capitão em voos transcontinentais da Scandinavian Airlines. Aposentou-se aos 60 anos e faleceu em 2013.

Mogens Thomsen tornou-se administrador de um dos maiores bancos da Dinamarca. Especializou-se em arbitragem de câmbio, a prática de comprar algo (tal como dinheiro estrangeiro ou ouro) em um lugar e vendê-lo quase que imediatamente em outro, onde seu valor é maior.

Os Três de Brønderslev do
Clube Churchill (membros mais velhos)

Alf Houlberg, Kaj Houlberg e Knud Hornbo eram os únicos membros do Clube Churchill que continuavam presos na época da libertação.

Depois de enfrentarem a corte marcial alemã, por terem removido a barra falsa da cela e cometido sabotagem em Aalborg, foram presos na Alemanha.

Depois de muita disputa política entre a Alemanha e a Dinamarca, os Houlberg foram devolvidos ao Presídio Estadual de Horsens, no país escandinavo, e colocados em uma unidade especial para prisioneiros políticos. Ao todo, havia quinze prisioneiros políticos isolados na ala da prisão.

Pouco antes do Natal de 1944, um pastor da prisão ofereceu-se para ajudar Alf e os outros a escapar. Passou para ele um plano secreto. Seria arriscado, mas era um caminho para a liberdade. Alf reuniu seus colegas de prisão e explicou a oportunidade, deixando claro que estava disposto a fazer aquilo. Todos os dias eles corriam o risco de serem transferidos para uma prisão alemã, e Alf já vira o suficiente das prisões alemãs. Mas os prisioneiros comunistas, que totalizavam metade do grupo, desconfiaram do plano. Os quatorze prisioneiros votaram e se dividiram por igual: sete a sete.

O grupo refez o plano por todos os ângulos, mas continuou paralisado. Por fim, um 15º prisioneiro, que estava fora da cela durante a discussão, voltou. Alf apresentou-lhe o esquema; seria o voto decisivo. Ele estava velho, disse a eles; não era assim que queria morrer. Votou não.

Alf, respeitosamente, relatou o resultado ao pastor, mas ficou profundamente frustrado, assim como os outros que votaram a favor. Disseram ao pastor que estavam dispostos a agir por conta própria. Alf revelou que fazia algum tempo que se preparava para fugir. Já tinha moldado uma pistola de madeira que, revestida de tinta preta, parecia perfeitamente real. Um dia antes da véspera do Ano Novo, em 1944, o pastor da prisão entregou uma pistola autêntica a Alf e revelou seu plano. "Às 2h44 da tarde", ele disse, "vocês todos estarão no pátio para a caminhada vespertina. Quando você escutar o som de uma escada sendo colocada contra o muro, corra para ela. Esse será seu único sinal. Você é que terá que encontrar a escada, que será posicionada por alguém do outro lado. Suba no muro, e colegas estarão esperando para te levar embora. Vá com Deus."

Todos eles foram soltos para a caminhada às 2h30. Do outro lado do muro, um caminhão parou às 2h44. Dois homens bateram uma escada no muro. Alf puxou sua pistola para dois ou três guardas e recuou em direção à escada. Uma gravata dada por outro prisioneiro – um antigo boxeador – encarregou-se de um terceiro guarda, pouco antes de ele alcançar o alarme.

Os sete prisioneiros subiram no muro e depois desceram para a liberdade, do outro lado. A fuga toda levou apenas três minutos e meio.

Os fugitivos foram mandados por líderes da resistência para diversos lugares em Jutland. Alf foi informado de um contato da resistência em Randers e apresentou-se ali. Operou como mensageiro entre os fugitivos e seu ponto de contato. A maioria deles queria ir para a Suécia. Alf preferiu permanecer no país. Por que batalhar pela liberdade da Dinamarca, refletiu, se fosse para ir para a Suécia? Tornou-se o segundo no comando da resistência em Randers e participou do naufrágio de dois navios alemães.

Depois da guerra, Alf tornou-se fabricante de placas laminadas de plástico para carteiras de identidades. Uma série de ataques cardíacos deixou-o paralítico. Quando as atividades diárias se tornaram difíceis demais, e ele temeu não sobreviver a mais um ataque, dirigiu sua cadeira de rodas até o Museu da Resistência Dinamarquesa em Copenhague e doou sua pistola esculpida para a coleção do Clube Churchill. Depois, foi para casa e se suicidou.

Kaj Houlberg, o mais velho dos membros do Clube Churchill, morreu jovem. Knud Hornbo emigrou para os Estados Unidos e tornou-se cidadão americano.

O Clube RAF

Knud Hedelund (O Knud Pequeno, de Odense) foi preso por sabotagem e passou seis meses na cadeia de Odense. Depois da guerra, alistou-se no exército britânico e passou vários anos na Índia. Morreu lá, ainda jovem.

Harald Holm ingressou no exército britânico depois da guerra e ficou estacionado na Alemanha Ocidental. Seu comportamento tornou-se irregular. Para garantir que a paz seria permanente, começou a destruir estoques de munição britânica. Sua conduta levou-o a ser internado em um hospital psiquiátrico. Quando Knud Pedersen descobriu que ele estava compartilhando um quarto com um colaborador nazista, fez com que fossem separados.

Hans Jøergen Andersen morreu em sua cela no presídio alemão. Estava confinado em um campo abarrotado, repleto de doenças, onde os prisioneiros simplesmente trabalhavam até morrer. Seu atestado de óbito identificou-o como um artista e indicava tuberculose como causa da morte.

Orla Mortensen também morreu como prisioneiro dos alemães. Pouco se sabe sobre a exata causa de sua morte. Ela se deu quando ele e outros prisioneiros limpavam um armazém ferroviário, numa pequena cidade alemã, depois de um bombardeio dos Aliados.

Depois de capturados, a maioria dos outros membros do Clube RAF foi mandada para o Presídio Ocidental, em Copenhague, e colocada numa ala especial, reservada para prisioneiros políticos e combatentes da resistência. Provavelmente foram deportados para Frøslev, um campo prisional perto da fronteira entre a Alemanha e a Dinamarca, parada para o transporte final para a Alemanha.

Família Pedersen e amigos

Edvard e Margrethe Pedersen, pais de Knud e Jens, mudaram-se de Aalborg para Copenhague, onde o reverendo Pedersen aposentou-se como ministro. Ele faleceu aos 74 anos. Margrethe viveu até os 94.

Gertrud Pedersen, irmã de Knud e Jens, mudou-se para a África do Sul, onde trabalhou no consulado dinamarquês. Após a morte do marido, mudou-se para Bath, na Inglaterra, para ficar próxima da amiga Patricia Bibby. Gertrud faleceu aos 70 anos.

■ Foto da família Pedersen em 1950, tirada no jardim do monastério. Em pé, a partir da esquerda: Jens, Knud, Gertrud, Jørgen. Na frente, a partir da esquerda: o irmão mais novo, Holger, ao lado da mãe e do pai.

Patricia Bibby permanece amiga dos Pedersen até hoje. Casou-se com John Moore Heath, um inglês que se tornou embaixador britânico no Chile. Mora na Inglaterra e no México com os filhos. "Pat e eu ainda somos amigos da vida toda", disse Knud, pouco antes de morrer.

Grethe Rørbæk, amor fantasioso de Knud na prisão, foi para a faculdade e se formou como designer técnica.

A Escola Catedral de Aalborg (em dinamarquês, Aalborg Katedralskole) continua lecionando para estudantes. É a escola preparatória mais antiga no Norte de Jutland. Documentos históricos datam sua fundação no longínquo ano 1540. Naquele tempo, ela funcionava na ala do monastério que se tornou sede do Clube Churchill. Foi reformada e ampliada várias vezes, mais notadamente ao começar a admitir meninas, em 1903. Atualmente, existem cerca de oitenta professores e setecentos alunos na escola.

Bibliografia selecionada

CONSULTEI MUITOS SITES NA INTERNET, artigos e livros ao escrever esta obra. Parte do material estava em dinamarquês, que traduzi com o uso de softwares aplicativos e com a ajuda de tradutores profissionais. Esses recursos estiveram entre os mais úteis.

Livros

ACKERMAN, Peter; DUVALL, Jack. *A Force More Powerful: A Century of Non-Violent Conflict* [Uma força mais poderosa: um século de conflito não violento, tradução livre]. Nova York: Palgrave Macmillan, 2000. Mostra como movimentos populares recorreram a ações não violentas para derrubar ditadores, bloquear invasores militares e garantir direitos humanos numa série de países ao longo do último século.

BARTOLETTI, Susan Campbell. *Juventude Hitlerista: História dos meninos e meninas nazistas e a dos que resistiram.* Rio de Janeiro: Relume-Dumará, 2006. Explica o papel que milhões de meninos e meninas desempenharam, involuntariamente, nos horrores da Alemanha Nazista.

LAMPE, David. *Hitler's Savage Canary: A History of the Danish Resistance in World War II* [O canário selvagem de Hitler: Uma história da resistência dinamarquesa na Segunda Guerra Mundial, tradução livre]. Nova York: Skyhorse Publishing, 2011. História detalhada do movimento de resistência dinamarquês.

LAUREN, Peter. *Churchill-Klubben som Eigil Foxberg oplevede den* [O Clube Churchill segundo a vivência de Eigil Foxberg, tradução livre]. [s.l.]: [s.n.]. Memórias de Eigil do Clube Churchill.

LEVINE, Ellen. *Darkness Over Denmark: The Danish Resistance and the Rescue of the Jews* [Trevas sobre a Dinamarca: A resistência dinamarquesa e o resgate dos judeus, tradução livre]. Nova York: Holiday House, 1986. Relato detalhado da resistência dinamarquesa à ocupação alemã, estruturado ao redor de personagens heroicos e do resgate dramático, e bem a tempo, de milhares de judeus dinamarqueses.

LOWRY, Lois. *Um caminho na noite*. Rio de Janeiro: Xenon Editora e Produtora Cultural, 1990. Obra clássica de ficção, na qual uma dinamarquesa de 10 anos esconde sua amiga judia dos nazistas.

PEDERSEN, Knud. *Bogen om Churchill-klubben: Danmarks Første Modstansgruppe* [O livro do Clube Churchill: primeiro grupo de resistência da Dinamarca, tradução livre]. Copenhague: Lindhardt og Ringhof, 2013. O relato de Knud Pedersen foi publicado pela primeira vez em 1945 por Poul Branner, e agora está disponível nesta edição revista e atualizada.

TVESKOV, Peter H. *Conquered, Not Defeated: Growing Up in Denmark During the German Occupation of World War II* [Dominado, mas não derrotado: Crescendo na Dinamarca durante a ocupação alemã da Segunda Guerra Mundial, tradução livre]. Central Point, Oregon: Hellgate Press, 2003. Peter Tveskov tinha 5 anos quando a Alemanha invadiu a Dinamarca em abril de 1940. Ele mescla lembranças vívidas da infância com fatos históricos para contar a história da resistência dinamarquesa.

WERNER, Emmy. *A Conspiracy of Decency: the Rescue of the Danish Jews During World War II* [Uma trama pela decência: O resgate dos judeus dinamarqueses na Segunda Guerra Mundial, tradução livre]. Nova York: Basic Books, 2009. Testemunhas vivas detalham atos bondosos de pessoas de diversas nacionalidades, inclusive do alemão Georg F. Duckwitz, que avisou os judeus de sua iminente deportação, e de dinamarqueses que os esconderam e levaram-nos de barco para a Suécia.

Artigos

JACOBSEN, Eigil Thune. Who-What-When 1942? Copenhague: Politken Publishers, 1941.

PALMSTROM, Finn; TORGERSEN, Rolf. Preliminary Report on Germany's Crimes Against Norway. Texto preparado pelo Governo Real Norueguês para uso no Tribunal Internacional Militar, Oslo, 1945. Disponível perante pesquisa em "Crimes against Norway", na Donovan Nuremberg Trials Collection, da Biblioteca de Direito da Universidade de Cornell. Disponível em: <http://reader.library.cornell.edu/docviewer/digital?id=nur:01470#page/1/mode/1up>. Acesso em: 21 ago. 2019.

Websites

<www.aalkat-gym.dk> é o link para o site da Escola Catedral de Aalborg. O site pode ser traduzido para inglês e inclui material sobre o Clube Churchill. Veja, sobretudo, a seção 9 (Disponível em: <www.aalkat-gym.dk/om-skolen/skolens-historie/churchill-klubben-og-besaettelsen/churchill-9/. Acesso em: 22 ago. 2019).

<www.kilroywashere.org/009-Pages/Eric/Eric.html> levará o leitor para o texto "A few personal notes on the life in occupied Denmark 1940-45", do jornalista Erik Day Poulsen. Poulsen cresceu em Aalborg e frequentou a Escola Catedral uma geração depois da guerra. Escreveu um ótimo relato pessoal, com uma homenagem ao Clube Churchill.

<natmus.dk/en/the-museum-of-danish-resistance> é o link para o Museu da Resistência Dinamarquesa 1940-1945, localizado em Copenhague. O prédio do museu foi demolido após um incêndio em 2013,

mas seus arquivos foram salvos e continuam disponíveis em novo local. O museu deverá ser reaberto em 2020.

Produção televisiva

Matador é uma série de TV em 24 episódios, dirigida por Erik Balling, originalmente produzida e transmitida de 1978 a 1982. Transcorre na fictícia cidade dinamarquesa de Korsbæk, entre 1929 e 1947, focando famílias rivais. Essa série de televisão fisgou a tal ponto a audiência que foi inteiramente relançada meia dúzia de vezes desde a sua primeira exibição. Ela oferece uma boa maneira de entender a turbulenta Dinamarca desde o começo da Grande Depressão, passando pela ocupação alemã nazista na Segunda Guerra Mundial. Um alerta: a série pode ser encomendada on-line, com legendas em inglês, mas até o momento da redação deste texto ela não funcionava em um aparelho de DVD padrão americano. É preciso um aparelho multirregião PAL/NTSC para assisti-la.

Gravação

A transmissão pela BBC da libertação da Dinamarca pode ser escutada no YouTube pelo link <www.youtube.com/watch?v=78pDhZb8hZo>. Acesso em: 22 ago. 2019.

■ A página de abertura da história do Clube Churchill no número de setembro de 1943 da revista *True Comics* (ver também p. 160):
Os meninos sabotadores (título); 1º quadro: "*Os alemães pensavam que tinham acabado com toda a oposição na Dinamarca dominada pelos nazistas, mas três meninos ensinaram-lhes algo novo sobre sabotagem*"; 2º e 3º quadros, da esquerda para a direita: "*Quando os nazistas entraram em Aalborg, Dinamarca...*", "Parece que este é o fim do nosso 'Clube Churchill'!", "Acho que não! Espalhe a notícia de que há um encontro esta noite", "*Naquela noite...*", "Primeiro, temos que roubar dos nazistas o máximo possível de armas, munições e granadas, e não se esqueçam de usar nosso símbolo RAF!".

Notas

OS RELATOS EM PRIMEIRA PESSOA na voz de Knud Pedersen derivam de entrevistas pessoais e mensagens de e-mail. Knud e eu gravamos entrevistas diárias em seu escritório na Biblioteca de Arte de Copenhague, entre 7 e 14 de outubro de 2012. Conversamos ao todo por quase 25 horas, gerando centenas de páginas de transcrição digitada.

Quando voltei para casa, nos Estados Unidos, nós nos comunicamos por e-mail. Embora morássemos a mais de 6 mil quilômetros de distância, se eu lhe mandasse uma pergunta no meio da tarde, segundo o horário de verão da costa leste dos Estados Unidos – 9 da noite em Copenhague –, ele deixaria uma resposta à minha espera quando eu chegasse ao meu computador na manhã seguinte. Quanto mais me aprofundei no livro, mais precisas ficaram minhas perguntas, e mais reveladoras as respostas de Knud. Quando algo não fazia sentido para mim, eu desfrutava do luxo de simplesmente poder pedir a um protagonista vivo que esclarecesse acontecimentos ocorridos setenta anos antes. Por exemplo:

> Phil: Quando vocês incendiaram o vagão cheio de partes de avião, você disse que usaram uma "placa" de magnésio. Não entendo o que seja essa "placa", nem como funciona. Você pode me ajudar a esclarecer isso?
> Knud: O próprio disco era feito de magnésio. Era inflamável com o uso de um fósforo. Não explodia. Queimava, mas com uma chama extremamente clara.

Ao longo de dois anos, nós trocamos quase mil mensagens de e-mail.

Uma terceira fonte de informação são os escritos publicados de Knud. Antes de morrer, ele era um dos dois únicos sobreviventes entre os membros do Clube Churchill, sendo o outro o colega de classe da Escola Catedral, Helge Milo. Desde o começo, Knud foi o principal porta-voz do clube. Em maio de 1945, logo depois de a Dinamarca ver-se livre da ocupação alemã, um editor contatou o pai de Knud, em busca da oportunidade de publicar um livro detalhando a verdadeira história do famoso clube.

Edvard Pedersen transmitiu a proposta a Knud, que a apresentou aos outros membros (exceto seu irmão Jens, que estava fora, na universidade). Perguntou: "Queremos fazer isso? Se a resposta for sim, de que jeito faremos?". Houve uma concordância geral de que valeria a pena fazer. Cada membro concordou, solenemente, em escrever um capítulo e lê-lo em voz alta para o grupo quando voltassem a se encontrar dali a duas semanas. Mas quando eles se reuniram novamente, apenas Knud havia escrito alguma coisa. Ele leu seu texto em voz alta e foi aplaudido. "Por que você não continua?", disseram seus companheiros, e ele assim o fez.

Edvard Pedersen conseguiu uma secretária para datilografar o manuscrito final, mas – sem o conhecimento de Knud e seus colegas de clube – fez com que a datilógrafa riscasse todos os palavrões pouco antes da publicação. Isso enfureceu o grupo quando eles finalmente viram o livro, publicado em dinamarquês em 1945 com o título *Bogen om Churchillklubben* [O livro do Clube Churchill]. Ele foi revisado por Knud e relançado por vários editores diferentes ao longo dos anos.

Knud validou sua narrativa com a publicação de registros policiais e documentos militares. Tornou-se um pesquisador criativo e obstinado. Descobriu fotos e matérias de jornais, desencavando um registro irrefutável do impacto pioneiro do grupo. Desenterrou cartas ministeriais, correspondência entre autoridades alemãs e dinamarquesas e documentos prisionais. Acumulou uma coleção extraordinariamente rica de imagens: desenhos, fotos, manchetes. Disponibilizou esse material para mim e me ajudou a triá-lo, já que é um tesouro totalmente em dinamarquês.

Tudo isso é para dizer que, sem sombra de dúvida, a fonte mais rica para este livro foi o próprio Knud Pedersen. Uma semana de entrevistas em Copenhague, as centenas de mensagens de e-mail que trocamos e a tradução dos livros que ele escreveu em dinamarquês tanto tempo atrás: são essas as fontes principais a que este escritor de muita sorte teve que recorrer.

Além disso, o membro do clube Eigil Astrup-Frederiksen (que posteriormente mudou seu nome para Foxberg) escreveu seu próprio relato de sua experiência no Clube Churchill em um livro de 1987, em dinamarquês, cujo título traduzido seria "O Clube Churchill segundo a experiência de Eigil Foxberg". Ele é especialmente útil na descrição do período em que os meninos estiveram presos no Presídio Estadual de Nyborg. Também foram citados brevemente, em fontes publicadas, os membros do Clube Churchill Helge Milo e Mogens Fjellerup.

Patricia Bibby Heath, que ficou especialmente amiga de Knud após ele ser solto da prisão, concedeu-me uma entrevista por telefone de pouco mais de uma hora, em 26 de abril de 2014.

Estas notas apresentam fontes de informação usadas para suplementar o material derivado de Knud Pedersen. Referências abreviadas de fontes referem-se a trabalhos citados na "Bibliografia selecionada".

1. OPROP!

p. 18 – **Operação Weserübung**: Para uma ideia da invasão alemã na Dinamarca e na Noruega em 9 de abril de 1940, veja <www.nuav.net/weserubung2.html>. Acesso em: 22 ago. 2019. Veja também "Invasion of Denmark and Norway, 9 Apr 1940-10 June 1940", de C. Peter Chen (disponível em: <ww2db.com/battle_spec.php?battle_id=93>. Acesso em: 22 ago. 2019). O artigo de Chen inclui uma extensa cronologia da Operação Weserebüng e uma coleção de mais de cinquenta fotografias.

p. 21 – **A invasão da Noruega**: uma descrição abrangente da invasão da Noruega pela Alemanha e da reação norueguesa pode ser encontrada na página da Wikipédia "Norwegian Campaign" (disponível em: <en.wikipedia.org/wiki/Norwegian_Campaign>. Acesso em: 22 ago. 2019).

2. O Clube RAF

p. 25 – Histórias sobre civis noruegueses sendo assassinados pelas tropas alemãs: veja "Preliminary Report of Germany's Crimes Against Norway", de Palmstron e Torgersen.

p. 27 – Juventude Hitlerista: veja *Juventude Hitlerista: História dos meninos e meninas nazistas e a dos que resistiram*, de Bartoletti, para uma abordagem excelente do movimento da Juventude Hitlerista.

p. 29 – RAF: Assista ao documentário *The Battle of Britain* [A batalha do Reino Unido, tradução livre], narrado por Ewan e Colin McGregor (Toronto: BFS Entertainment, 2011), disponível em DVD.

p. 30 – Hitler e as bicicletas: *Werner Best*, de Niels-Birger Danielsen. Copenhague: Politikens Forlag, 2013. p. 274-275.

3. O Clube Churchill

p. 36 – Por que o aeroporto de Aalborg era tão importante: Ao longo da guerra, o aeroporto teve uma enorme expansão. Mais de duzentos fazendeiros foram realocados, e as fazendas vizinhas ao aeroporto foram tomadas pelos alemães. Hangares, armazéns para conserto e postos de comando foram erguidos às pressas e camuflados para parecerem celeiros e construções em fazendas. No auge da campanha da Alemanha na Noruega, 150 aeronaves de diversos tipos, a maioria delas bombardeiros de mergulho Stuka, atacaram pontos na Noruega a partir do aeroporto de Aalborg. Elas também serviram para proteger submarinos atracados ao longo dos cais em Aalborg e navios alemães que viajavam entre a Noruega e o Norte da Alemanha.

Para mais informações sobre o aeroporto e os esforços de sabotagem de outro jovem combatente da resistência em Aalborg, chamado Frode Suhr, veja "The Making of a Spy", de Lyle E. Davis, publicado em *The Paper*, em 17 de dezembro de 2009, <www.thecommunitypaper.com/archive/2009/12_17/index.php>.

p. 37 – **Monastério do Espírito Santo**: veja o artigo disponível em: <en.wikipedia.org/wiki/Hospital_of_the_Holy_Ghost,_Aalborg>. Acesso em: 22 ago. 2019.

p. 39 – **Escola Catedral**: a escola onde seis membros do Clube Churcill estudaram tem um ótimo site que inclui um material sobre o clube. Veja <www.aalkat-gym.dk>. Acesso em: 22 ago. 2019.

4. Aprendendo a respirar

p. 51 – **Canções folclóricas dinamarquesas...** "King's Badges" (distintivos reais): veja *A Force More Powerful*, de Ackerman e Duvall.

p. 53 – **Ponte Limfjorden**: Aalborg e a cidade vizinha Nørresundby são separadas por um fiorde – uma entrada de água comprida e estreita, com laterais íngremes, ou penhascos, criada por erosão glacial – conhecido como Limfjorden. Durante a guerra, as duas cidades eram ligadas por uma ponte rodoviária e uma ponte ferroviária. Como o aeroporto de Aalborg, estrategicamente importante, fica no lado de Nørresundby, soldados alemães armados vigiavam o acesso atentamente, com pontos de revista nas duas extremidades das pontes. Visite o site do Limfjord Museum para mais informações sobre a via navegável: <www.limfjordsmuseet.dk>. Acesso em: 22 ago. 2019.

5. Chamas da resistência

p. 62 – **Maria Antonieta tinha usado o mesmo padrão de código**: Hans Jøergen Andersen e Jens Pedersen desenvolveram um código para o envio de mensagens confidenciais entre o Clube Churchill, em Aalborg, e o Clube RAF, em Odense. Era baseado em um famoso código usado por Maria Antonieta e seu amigo, o conde Axel von Fersen da Suécia, em sua correspondência secreta durante a Revolução Francesa. Para mais informações e um exemplo de como o código funcionava, acesse <www.h4.dion.ne.jp/~room4me/america/code/fersen.htm>. Para um contexto sobre o conde Von Fersen e Maria Antonieta, acesse <en. chateauversailles.fr/history/court-people/Louis-xvi-time>.

7. *Chantilly e aço*

p. 75 – *Front* **leste**: em agosto de 1942, o enorme 6º Exército de Hitler combateu as tropas russas na cidade russa de Stalingrado. Essa foi a principal batalha do *front* leste e uma reviravolta na Segunda Guerra Mundial. Durante cinco meses de combate brutal, as forças russas defenderam Stalingrado e depois viraram a mesa dos seus inimigos nazistas. Existem muitos sites sobre essa batalha cruel. Um ótimo livro é *Stalingrado: O cerco fatal*, de Antony Beevor (Record, 2002).

p. 78 – **Kristine**: Fotos encantadoras e belas recordações desta que foi a confeitaria mais clássica de Aalborg, e a preferida de oficiais nazistas gulosos por doces, são encontradas em <www.facebook.com/media/set/?set=a.205034729522481.61915.203935242965763&type=1>. Acesso em: 22 ago. 2019.

12. *Cadeia King Hans Gades*

p. 116 – **Diretor Kjeld Galster**: *Aalborg Katedralskole under Besættelsen* [A Escola Catedral de Aalborg durante a Ocupação, tradução livre]. Aalborg: Frede og L.C. Lauritzen, 1945.

p. 116 – **Alguns alunos levantaram-se dos assentos**: veja o material pesquisado sobre o Clube Churchill no site da Escola Catedral, especialmente a seção 9 (disponível em: <www.aalkat-gym.dk/om-skolen/skolens-historie/Churchill-klubben-og-besaettelsen/churchill-9>. Acesso em: 22 ago. 2019).

p. 124 – **Kaj Munk**: para mais informações sobre a vida e as atividades do dramaturgo mais famoso da Dinamarca, e o mais famoso apoiador do Clube Churchill, veja <www.kirjasto-sci.fi/kajmunk.htm>.

13. Muros e janelas

p. 130 – **Os nazistas tinham permitido que a Suécia ficasse oficialmente neutra**: aqui está um link para uma boa discussão quanto ao motivo de a Alemanha não ter invadido a Suécia e, em vez disso, ter permitido que o país ficasse oficialmente neutro: <en.wikipedia.org/wiki/Sweden_during_World_War_II>. Acesso em: 22 ago. 2019.

p. 135 – **Músicas sobre Hitler**: durante a Segunda Guerra Mundial, houve centenas de músicas antinazistas, muitas delas obscenas. Algumas zombavam dos "quatro principais" líderes nazistas: Hitler, Goebbels, Himmler e Göring. Para um enfoque mais amplo das músicas da Segunda Guerra Mundial, veja <www.fordham.edu/halsall/mod/ww-2-music-uk.asp>. Acesso em: 22 ago. 2019.

15. Presídio Estadual de Nyborg

p. 147 – **Eu sentia falta dos meus companheiros**: veja *Churchill-Klubben som Eigil Foxberg oplevede den*, p. 46.

p. 152 – **Seu tom era de quem se desculpava**: *Churchill-Klubben som Eigil Foxberg oplevede den*, p. 56-57.

p. 152 – **A crise do telegrama**: veja *A Force More Powerful*, de Ackerman e Duvall, p. 218.

p. 156 – **29 de agosto de 1943**: *A Force More Powerful*, p. 221.

p. 158 – **A reviravolta para a Dinamarca**: veja *A Force More Powerful*, de Ackerman e Duvall, p. 230; *Darkness Over Denmark*, de Levine; e *Conquered, Not Defeated*, de Tveskov.

p. 158 – **O resgate dos judeus dinamarqueses**: o resgate por barco, rapidamente organizado, da maioria dos judeus dinamarqueses para a segurança na Suécia é o momento de maior orgulho da Dinamarca durante a guerra. Foram escritos vários relatos. Veja, principalmente, *A Force More Powerful*, de Ackerman e Duvall, p. 222; *Darkness Over Denmark*, de Levine; e *Um caminho na noite*, de Lowry.

16. Primeiras horas de liberdade

p. 162 – **A fábrica era um alvo óbvio**: existem duas versões sobre quem seria o responsável pelo incêndio na fábrica em Naesby. Uma é a que Knud e Jens Pedersen escutaram de Knud Hedelund na festa em Odense e foi relatada nestas páginas. Um segundo relato vem de registros de sabotadores comunistas que trabalhavam em Odense. Conforme o movimento de resistência tornou-se mais bem organizado e espalhou-se pela Dinamarca, ativistas tentaram recrutar membros do Clube RAF porque, embora jovens, eles eram sabotadores experientes. Os grupos de *partisans* comunistas – conhecidos como grupos-p – eram especialmente persistentes. Mas o RAF não estava disposto a ser controlado por ninguém, principalmente estrategistas da União Soviética. O RAF rejeitou os comunistas, provocando animosidade.

Na noite do incêndio, os dois grupos encontraram-se na fábrica quase que por acaso. Por pura coincidência, tanto o Clube RAF quanto o grupo-p comunista tinham planejado incendiar a mesma fábrica, na mesma hora. Hans Jøergen Andersen relatou, mais tarde, que foi ele quem colocou o fogo, acompanhado por três outros membros do Clube RAF. Em 1955, dois membros do grupo-p contaram a um repórter de jornal que não, foi o grupo deles que incendiou a fábrica.

"Eu dei a minha versão", observou Knud Pedersen. "Acho que é justo constar que existe outra."

17. Melhor do lado de dentro

p. 170 – **Patricia Bibby queria conhecer Knud Pedersen**: entrevista do autor com Patricia Bibby, em 26 de abril de 2014.

p. 172 – **A SOE**: veja o relato em língua inglesa de Knud J. V. Jespersen: *No Small Achievement: Special Operations Executive and the Danish Resistance 1940-1945* [Não um feito qualquer: Executivo de Operações Especiais e a Resistência dinamarquesa, tradução livre]. Copenhague: University Press of Southern Denmark, 2002.

p. 177 – **Eu me chamo Helge Milo**: site da Escola Catedral (veja: <www.aalkat-gym.dk/fileadmin/filer/import/Churchill/Kilder/kilde_16_og_17.pdf>. Acesso em: 22 ago. 2019).

p. 177 – **Eigil viu-se aceitando**: veja *Churchill-Klubben som Eigil Foxberg oplevede den.*

p. 179 – **Seu ânimo abateu-se**: entrevista do autor com Patricia Bibby, em 26 de abril de 2014.

p. 180 – **Gertrud Pedersen, Patricia Bibby e Inger Vad Hansen: arrecadadoras de fundos para a resistência**: entrevista do autor com Patricia Bibby, em 26 de abril de 2014.

p. 182 – **Libertação!**: para mais informações sobre a Libertação Dinamarquesa, veja *Darkness Over Denmark*, de Levine, p. 139-145, e *Conquered, Not Defeated*, de Tveskov, p. 85-91.

Agradecimentos

AGRADEÇO A PEGGY AKERS por me ajudar a encontrar tradutores de textos dinamarqueses para o inglês. Seu maior achado foi sua mãe, Gertrude Tuxen, que, aos 96 anos, escreveu a tradução de dezenas de páginas. Agradeço também pelo ótimo trabalho de tradução de Linda Tuxen.

Agradeço a Carol Shanesy por digitar páginas ditadas, e a Kathren Greenlaw por transcrever mais de 25 horas de entrevistas gravadas comigo e Knud Pedersen.

Estendo meus agradecimentos a Phebe Tice e Samuel Kemmerer, estudantes da Breakwater School, em Portland, Maine, por terem lido atentamente o livro no manuscrito original e o comentado amplamente. Agradeço a sua professora, Cheryl Hart, por tê-los achado para mim. Agradeço a Dean Harrison pelo espetacular apoio técnico, possibilitando que eu e meu computador seguíssemos em frente por várias gerações de mudança. Agradeço a Mark Mattos, da Curious City, pelo apoio emergencial na internet quando eu estava totalmente desorientado.

Agradeço a minha esposa Sandi Ste. George, por compartilhar cada aspecto deste projeto. Ela me deixou ler em voz alta capítulo por capítulo, comentando conforme eu prosseguia, e depois escutou o livro todo várias vezes. Compartilhou meu entusiasmo quando este livro ganhou vida. Sou um homem de sorte.

Na Farrar Straus Giroux Books for Young Readers, Macmillan Children's Publishing Group, agradeço a Roberta Pressel por mais um belo design e a Simon Boughton por sua fé e apoio neste projeto. Um reconhecimento especial a meu editor, Wesley Adams. Criativo, perspicaz e receptivo, Wes teve uma percepção intuitiva para o conteúdo deste livro, e um talento para solucionar problemas.

Agradeço a Patricia Bibby Heath pela gentileza e atenção ao dividir comigo, numa entrevista telefônica arranjada quase às pressas, os eventos dramáticos e as experiências pessoais de setenta anos atrás.

Na Dinamarca, a equipe do Museu da Resistência Dinamarquesa encaminhou-me a Knud Pedersen e, sendo assim, pode reivindicar a origem deste livro. Niels Gyrsting gentilmente forneceu-me muitas das imagens que dão vida a estas páginas e documentam a história. Karen Nielsen ajudou-me a encontrar as fontes de Aalborg. A filha de Knud, Kristine Riskaer Povlsen, ajudou-me a tocar o projeto, especialmente quando seu pai ficou doente. Seu filho, Rasmus Riskaer Smith, também contribuiu com oportuna assistência técnica. A esposa de Knud, Bodil Riskaer, foi de um apoio incansável a este livro, de inúmeras maneiras. Val e B. Bach Kristiansen ajudaram gentilmente com pesquisas e traduções.

Quando alguém entra em contato com a Biblioteca de Arte em Copenhague, chega a Mette Stegelmann. Mette compartilhou comigo e com Knud o trabalho cotidiano deste projeto. Ela era a pessoa certa quando precisávamos de ajuda com fotografias, contratos de trabalho ou transmissão de mensagens pelo Atlântico. É uma alegria trabalhar com ela.

Knud Pedersen foi uma das pessoas mais fantásticas e inspiradoras que já conheci. A oportunidade de trabalhar diariamente com ele, para contar esta importante, mas demasiadamente obscura história da Segunda Guerra Mundial, foi de um entusiasmo perene. Terminávamos cada uma das centenas de mensagens que trocávamos com a palavra "amor". Pelo menos da minha parte, com certeza, acabei dizendo isso a sério.

Créditos das ilustrações

Aalborg Katedralskole [Escola Catedral de Aalborg]: 41, 116

Bjørn Erikson: 79

CORBIS: 152

Acervo de Knud Pedersen: 31, 40, 85, 118, 128, 136, 149, 171, 174, 195, 203

Nationalmuseet/Frihedsmuseet [Museu Nacional da Dinamarca/Museu da Resistência Dinamarquesa]: 14, 16, 17 (fotografias por H. Lund Hansen), 20, 36 (fotografias de Scherl Bilderdienst), 52 (fotografia por John Lee), 56, 58, 71, 74, 76, 97, 125, 144, 157, 159, 166, 173 (fotografias por G. C. Krogh), 183, 184, 186, 187 (fotografias por Jørgen Nielsen)

Coleção Niels Gyrsting: 6, 19, 26, 37, 46, 49, 55, 59, 61, 63, 65, 80, 93, 100, 106, 113, 126, 134, 138, 140, 150, 153, 160, 164, 189, 192, 209

Sandi Ste. George: 8

Wikipédia: 89

Este livro foi composto com tipografia Adobe Garamond Pro
e impresso em papel Off-White 70 g/m² na gráfica Rede.